看三位老师 **妈妈如何辅导孩子作文！**

老师妈妈的私房作文课

轻松起步

王红 王娇 朱洁/著

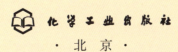
化学工业出版社

·北京·

图书在版编目（CIP）数据

老师妈妈的私房作文课.轻松起步 / 王红，王娇，
朱洁著 . —北京：化学工业出版社，2021.6
ISBN 978-7-122-39049-3

Ⅰ. ①老⋯ Ⅱ. ①王⋯②王⋯③朱⋯ Ⅲ. ①作
文课 – 小学 – 教学参考资料 Ⅳ. ① G624.243

中国版本图书馆 CIP 数据核字（2021）第 079565 号

出 品 人：李岩松 　　　责任编辑：笪许燕 　　　文字编辑：汪元元
营销编辑：龚娟 郑芳 　　责任校对：边 涛 　　　装帧设计：王 婧

出版发行：化学工业出版社（北京市东城区青年湖南街 13 号 邮政编码 100011)
印　　装：凯德印刷（天津）有限公司
710mm×1000mm 1/16 印张 10¾ 字数 90 千字 2021 年 9 月北京第 1 版第 1 次印刷

购书咨询：010-64518888 　　　　　售后服务：010-64518899
网　　址：http://www.cip.com.cn
凡购买本书，如有缺损质量问题，本社销售中心负责调换。

定　　价：34.80 元 　　　　　　　　　　　　　版权所有　违者必究

序 Perface

念书的时候，亲友们听说我学的专业是小学语文教育，纷纷显得有些不解：

"语文有什么好学的？是个中国人，谁不会说汉语啊？"

"语文有什么好教的？不就是读读拼音、写写汉字吗？"

"既不必费心学，更不必费力教，哪还用费心费力地学着怎么教！"

后来，我加入了教师行列，班里很多孩子都参加了补习班，补习最多的是英语、数学，最少的是语文。为什么不补习语文呢？因为"语文根本补不起来，半年也提高不了三五分"。这么看来，语文课似乎又是最难学、最难教的。

如果有人问，语文到底难不难？我大概会"执其两端，取其中庸"：语文确实容易，但也不太容易；语文确实难，但也不太难。或者也可以换个一分为二的说法：易的是"语"，难的是"文"。曾经遇到一个调皮的孩子"发难"："为什么有英语课，却没有汉语课？汉语课为什么叫语文课？"这个问题当然没有难住我：在他们这个阶段，英语课主要是培养口"语"能力，语文课却是要提高"文"学修养。我国历史上有一段时期，语文课就叫作"国文课"，只负责教授书面语言，而把口语学习交给了社会这所更大的学校。

"语"和"文"，或者说口语和书面语，并非简单的俗雅之别。有人写文章全用大白话，有人说起话来却珠玉琳琅。白话有白话的好处，让人觉得亲切生动；珠玉有珠玉的好处，让人觉得庄重典雅。我不喜欢在口"语"中掇"文"，不过孔子说："言而无文，行之不远。"只有把"话儿"说出"花儿"来，才可能得到广泛的传播。

"语"和"文"的最大区别，不在于字词的通俗或典雅，而在于语言逻辑是否严密；不在于语言材料的多少，而在于是否有组织能力。在日常的口语表达中，人们常常想到什么说什么，不需要谋划篇章的布局，不需要留意语法的完整，甚至不需要挑剔词汇的精确，而一旦诉诸文字，这些就都要"精打细算"了。所以，若有人宣称，会说的人一定会写，那他要么是天才，要么是骗子。

二

根据教育部最新的课程标准，语文课承担的教学任务，是培养学生的理解能力和表达能力，这已经超出了知识或技巧的层面，直接进入了道德情感教育，且不区分口语和书面语。口语的"听"和书面语的"读"，同样都是理解别人，只不过前者是当面理解，后者只能见字如面；"说"和"写"也是同样的道理，只不过把理解别人变成了表达自我。而在实际教学中，对孩子们而言，"读写"似乎总比"听说"要困难得多，尤其是写作文。

据我多年的教学经验，写好作文的关键，不是辞藻，不是素材，而是逻辑。很多学生，甚至很多家长，往往都误认为，作文要出彩，就要多用成语、诗词、名言警句。有些高考考生，还偏爱文言文写作，以此显示自己能"文"。坦率地说，再流利华美的文言文，如果没有逻辑支撑，根本说不上"美"，最多只能算是涂鸦。

作文的环境描写也要注重逻辑：先说什么后说什么，总有内部顺序，从上到下，从左到右，从远到近，从里到外，读者能一看到底，而无需让目光来回折返跑。讲述故事也如此：虽然允许倒叙、插叙，但仍不能逃脱时间先后的基本逻辑。感情抒发也如此：很多人觉得感情是主观的，可以自由任性，其实看上去主观的东西，更需理性支撑；比如看电视或小说时，会觉得某个人物形象不合理，往往是因为人物的情感脉络不符合常规的思维逻辑。

三

本书三位作者，都是"战斗"在小学语文教育第一线的"老兵"。多年的教学实践证明，作文是很多孩子最难过的一道坎，也是最让家长手足无措的一道坎。本书虽然名为"私房作文"，但说句王婆卖瓜的话，老师永远是最无私的职业，我们所掌握的一切"招数"，都毫无保留地教给了学生，绝不可能留下一丝半点，回去给自己的孩子开小灶。本书是多年教学实践的积累，提炼出来的写作"武器"，虽非秘籍，但的确能让孩子们的作文水平稳步提高，凡作者教过的学生，都已人手一套。作者的身份不只是老师，而且还是妈妈。本书并非贩卖技巧，更重要的还是陪伴，妈妈们不必将本书当作能扫灭一切学习障碍的武功秘籍。若说本书有什么独特的价值，那就是教妈妈如何陪孩子一起"练功"。

作文，最重要的不是炫技，而是真诚地表达自我。人，一旦养成了写作习惯，就多了一个自我表现或自我对话的舞台，这个舞台任何人都无法破坏。懂得写作的孩子是幸福的，陪孩子写作的妈妈更是幸福的，因为透过这些文字，能了解孩子内心的真实。每个妈妈，也许都能见证孩子的成长，但却不是每个妈妈，都能听到孩子的心声。这个过程，不仅仅是陪伴，同时也是对孩子的塑造。国人常说，"文学即人学"，妈妈引导孩子写出什么样的文章，自然能培养出什么样的人。

在这本小书里，三位老师妈妈分享了自己多年陪伴孩子写作文的经验，不但能增强妈妈辅导孩子写作文的信心，更能增进与孩子的感情交流，见证和孩子的共同成长。本书是一道妈妈的私房菜，这道菜不高端，不需要特殊的材料和工具，也不需要高超的烹饪技巧，只是一道再普通不过的家常菜。孩子在乎的也许不是菜，而是做菜的人，记住的也许不是菜的味道，而是妈妈的味道——终生难忘的绝佳美味。

作者

目录 Contents

第一章 简简单单一句话

私房导语……………………………………………………… 1

私房导图……………………………………………………… 2

第一课　别学了拼音就忘了字哦…………………………… 4

第二课　读你写的句子，我都没法喘气了………………… 6

第三课　我怎么知道你已经说完了？……………………… 8

第四课　你写的我都读不懂………………………………… 11

第五课　宝贝，你就不能写长一点吗？…………………… 14

第六课　圈圈画画来审题…………………………………… 17

私房小话……………………………………………………… 20

私房范文赏析………………………………………………… 21

第二章 轻轻松松一段话

私房导语……………………………………………………… 31

私房导图……………………………………………………… 32

第一课　空间顺序——我的学校长这样…………………… 34

第二课　时间顺序——土豆土豆，你快发芽……………… 38

第三课　井井有条的大扫除…………………………………………… 42

第四课　不要重复啰唆………………………………………………… 46

第五课　不会写的时候就先说………………………………………… 49

第六课　这幅图你写全了吗?………………………………………… 53

第七课　写清楚时间和地点…………………………………………… 57

第八课　写清楚你做了什么事………………………………………… 61

第九课　不一样的动物们……………………………………………… 65

第十课　写出自己的感受，让别人感同身受………………………… 69

第十一课　这么多人，怎么写?……………………………………… 75

私房小话………………………………………………………………… 81

私房范文赏析…………………………………………………………… 82

第三章　从从容容一篇文

私房导语………………………………………………………………… 97

私房导图………………………………………………………………… 98

第一课　写好作文的开头和结尾……………………………………… 100

第二课　先打草稿，好作文是改出来的……………………………… 105

第三课　好词佳句派上用场…………………………………………… 112

第四课　怎样让动物有特点…………………………………………… 118

第五课　怎样写景不杂乱……………………………………………… 124

第六课　写植物也要写事情…………………………………………… 130

第七课　怎样让人物更鲜活…………………………………………… 136

第八课　小修辞蕴藏大魔力…………………………………………… 141

第九课　怎样将一件事写具体………………………………………… 146

私房小话………………………………………………………………… 151

私房范文赏析…………………………………………………………… 152

第一章
简简单单一句话

私房导语

　　一年级的小朋友刚把拼音学完，接着就要开始练习写话。可是，在这个过程中，他们往往会说，我不知道怎么写呀！听到如此回答，妈妈们一定很着急。是报个培训班，还是自己在家辅导呢？对于零基础的孩子来说，妈妈的一对一辅导，效果当然会更好！

　　本阶段最重要的是让孩子了解写话的要求，知道一句话要包括时间、地点、人物、事件这几个要素。首先做到句子能写顺，再逐步加细节，将句子拉长。同时，培养孩子对写话的兴趣，引导孩子养成爱说、爱想、爱写的习惯，学会使用简单的标点符号。妈妈和宝贝一起加油吧！

私房导图

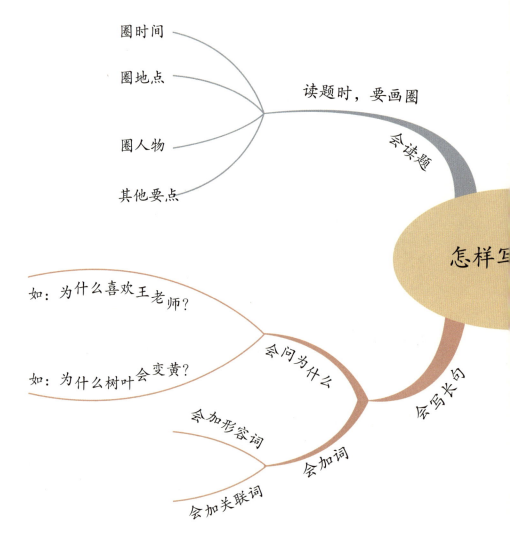

圈时间
圈地点
圈人物
其他要点

读题时，要画圈

会读题

怎样写

会写长句

如：为什么喜欢王老师？

如：为什么树叶会变黄？

会问为什么

会加形容词

会加词

会加关联词

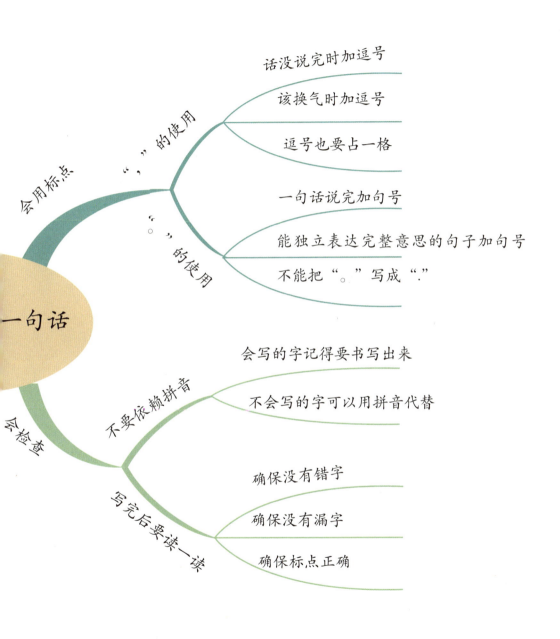

一句话

会用标点
　　"，" 的使用
　　　　话没说完时加逗号
　　　　该换气时加逗号
　　　　逗号也要占一格
　　"。" 的使用
　　　　一句话说完加句号
　　　　能独立表达完整意思的句子加句号
　　　　不能把 "。" 写成 "."

会检查
　　不要依赖拼音
　　　　会写的字记得要书写出来
　　　　不会写的字可以用拼音代替
　　写完后要读一读
　　　　确保没有错字
　　　　确保没有漏字
　　　　确保标点正确

第一课
别学了拼音就忘了字哦

9月12日 星期二 晴

　　圆圆上小学了，学完拼音的她非常自豪能够自己读书了。但也因为拼音学得"太扎实"，到写话的时候，她习惯了全部用拼音写，完全忘记一些简单的字早就学过。

　　今天，我给她布置了一次写话任务，要写一写和别人分享东西时的感受，她是这么写的：

Wǒ jiē shòu guò bié rén de táng guǒ dāng shí wǒ hěn kāi xīn jiù xiǎng shuō xiè xie

（我接受过别人的糖果当时我很开心就想说谢谢）

　　我"埋头苦拼"了一会儿，发现里面"人、的、开、心"这些字都教她写过，但是一写起拼音，就都忘记了。

　　于是，我把她叫到跟前，说："会写的字要写出来，不会写的字再用拼音代替。"结果，她拿出一张小便签纸，一笔一画地写道：不会的字可以写拼音。也就是下面这张图：

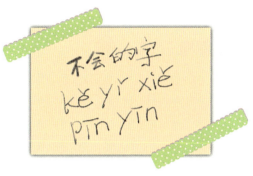

她把这张纸贴在写话本封面背后，打开本子就能看见。

在写话中练习使用学过的汉字。

使用说明：在写话时，不要只想着写拼音。如果是学过的汉字，一定要书写出来哦！

问：你有什么愿望吗？

（请在作文本上写一写）

第二课
读你写的句子，我都没法喘气了

10 月 11 日 星期三 晴

上次圆圆写的句子，除了只有拼音没有文字之外，还没有断句，读这句话，还得根据意思来断句，真累。

上回的句子用汉字写出来是这样：

我接受过别人的糖果当时我很开心就想说谢谢

于是，我隆重给她介绍句子的好朋友——逗号，但是要让她和逗号交朋友，并不容易，她这样回复："我不知道在哪里打逗号。"

这难道不是应该和呼吸一样自然吗？我一脸的问号。

"来，你读一下！"解铃还须系铃人，现在没办法讲语法，只能让她用语感来判断。

小家伙老老实实地走过来，拿起本子读起来，果然自然而然地换气了，我告诉她，就在她换气的地方加逗号。句子就这样断开了。

我接受过别人的糖果，当时我很开心，就想说谢谢。

学会使用逗号。

使用说明：写句子的时候要断句，句子中间用逗号。其实小朋友刚开始并不理解如何断句，可以引导他留意自己说话时是如何换气的。把句子自然地说出来，在哪里换气，就在哪里停顿，加逗号。

问：爸爸妈妈中你最喜欢谁呢？

（请在作文本上写一写）

第三课
我怎么知道你已经说完了？

12月5日 星期三 晴

　　最近阴雨连绵，天天待在家里发霉。今天，好不容易看见阳光，怎能不出去活动一下呢？看着小宝兴高采烈的样子，我温和地说："小宝，如果你能在出发前把此刻的心情写下来，该多好啊！"小宝自信满满地回答："这很简单呀，看我的。"

　　小宝的作品很快完成了：

　　今天，天气 zhēn nuǎn huo，zhēn yīng gāi 出去 yùn dòng yùn dòng，zhè yàng 才 néng 长 de 又 shuài 又 qiáng zhuàng

　　看了小宝写的话，我捧腹大笑，暂且认为这是专属于他的幽默或者天真吧。笑过之后再读，发现这句话写完了却没有句号，我灵机一动，准备和他玩一个游戏——不论小宝说什么，我都不回话。他生气地说："你为什么总是不回答我呀？"

我一本正经地说："我怎么知道你的话说没说完，万一你还想说点什么呢？等你说完，我再回答。"小宝说："我都停下来了，话当然说完了。"我笑嘻嘻地说："你知道，我们说话的时候，长时间的停顿，就表示话说完了。那写作中怎么体现一句话写完了呢？需要在句子末尾加上一个标点，就是句号，否则这句话就是没写完。"

听完此话，小宝乖乖在句末加上句号。以后每次写完句子时，他都会留意一下有没有加上句号了。

一句话写完要用句号。

使用说明：写完句子，小朋友常常不记得加标点，这时需要提醒他们，一句话写完应该用句号。

天热时，你会怎么做？

（请在作文本上写一写）

第四课
你写的我都读不懂

3月5日 星期三 雨

　　小宝是个挑食的孩子，吃饭是个让人头疼的问题。这不，今天吃饭，又将青菜、豆芽全都挑了出来。更令人生气的是，他竟然还说："真难吃，这个菜评0分，那个菜评1分。"我真是气不打一处来，想批评他，但又立即觉醒：自己可是"好"妈妈，得想办法智取。我沉住气说："这是妈妈辛苦的成果，里面充满了对你的爱。你不吃，我太难过了！"

　　我捂着脸，装作要哭的样子。他看见我这样，又跑过来哄我。

　　"待会儿吃完饭，你再重新评价一下饭菜，要手写的哟！"我趁机提要求。

　　小宝苦着脸，嘟囔着边吃边说："女人真难哄！"

　　然后他这样写道：

今天的 fàn cài zhēn nán chī, chī xiǎng tù, 我 píng 0 fēn, zhēn xiǎng biàn chéng chāo, kě yǐ bú bèi bī zhe chī。

看了这句话，我觉得又气又好笑，便说："你吃啥了想吐，给什么菜评 0 分，你想变成谁？"

小宝不耐烦地说："不是都写了吗，吃青菜想吐，我想变成超人。"

我说："你自己再读一遍。"

小宝读了一遍，给我一个"讨好式"的微笑，还不忘说："不就掉了两个拼音嘛！"

"这是一回事吗？写完作文一定要自己多读几遍，如果自己都读不顺，别人怎么读得懂呢？"

听了我的话，小宝便自觉地拿去修改了：

今天的 fàn cài zhēn nán chī, chī qīng cài xiǎng tù, 我 píng 0 fēn, zhēn xiǎng biàn chéng chāo rén, kě yǐ bú bèi bī zhe chī qīng cài。

　　看完句子，我夸了夸他，并再次强调写完句子一定要读一读。睡前，我上网查询怎么做出孩子喜欢吃的青菜，希望明天能得到儿子的好评。

写完一句话，记得读一读。

　　使用说明：小朋友写话常会心口不一，心里这样想，但写出来往往会掉字、漏字甚至语句不通顺，这时需要提醒他们，写完之后读一读。

　　妈妈做了好吃的包子，写一写这件事吧。

　　（请在作文本上写一写）

第五课
宝贝，你就不能写长一点吗？

4月15日 星期二 阴

　　作文写话练习只有一句话，按理说没有难度。可是，如何将一句简单的话写得不简单，却需要花点心思。

　　比如今天，花生的写话本上只有一句简单的话：

　　　今天，我 hěn 开心。

　　为什么开心呀？一看就是有很多想说的话没说出来。怎么让她写长一点呢？我跟她聊了聊："花生，今天遇到了什么开心事，能跟妈妈分享一下吗？"

　　"妈妈，今天美术老师表扬我了。"

　　"哦，真的呀！老师为什么表扬你呢？"

　　"老师说我画画很好。"

　　"真棒！如果能将刚说的话写进日记，把一句话写长，语文老师明天一定也会表扬你哦。"

这个年龄段的孩子，内心特别渴望受到老师的关注，如果得到表扬，会开心好久。所以，花生很认真地补充：

今天我 hěn 开心，měi shù 老师 biǎo yáng 我了，老师 shuō 我画画 hěn 好。

"你看，不难吧？多问几个'为什么'，一个短句就能轻松变长句。"

短句变长句——多问"为什么""怎么样"。

使用说明：妈妈最头疼的是孩子作文写不长，这往往也是孩子头疼的地方。其实，他们并不是不想写，而是不知道如何将句子写长，这就需要引导。聊天式地问几个"为什么""怎么样"，或许能让他们豁然开朗。问"为什么""怎么样"，其实就是让孩子抓住细节，在时间、地点前加描述性的定语，在干什么事时加上具体动作。当然，让句子变长的方法还有很多，后面会继续补充。

你最喜欢哪个季节?

第六课
圈圈画画来审题

6月20日 星期二 晴

今天，我检查花生的试卷，发现一个严重的问题——她不会审题。

看图写话

提示：

1. 仔细看图，这是什么时候，图上有谁，发生了什么？他们会说什么？

2. 请把你看到的内容写下来，不会写的字请用拼音代替。

过年了小红的爸爸回
来了小红和她的妈妈出门
yíng jiē 爸爸回来了她
们很开心。

很明显，"提示"里有四个问题，花生却漏掉了"他们会说什么",另外,她竟然又忘了加标点!

这说明她的审题能力不过关,必须得教她一个方法:重要的"画圈游戏"——读题时,先把题目要求一个一个圈出来——这是一个很好的避免遗漏要点的方法,也适用于阅读及其他类型的题目。只有把题目读清楚,写的时候才不会漏洞百出。

花生圈好题目后,重写了一遍,特意加上了标点:

过年了,小红的爸爸回来了,小红和妈妈出门迎接。见到爸爸,小红高兴地说:"爸爸,我好想你啊。"

改后的内容还是有些单薄。其实,除了图中的人物,对联、灯笼等体现环境的细节都可以写进文中。还可以描述人物的表情、动作和心理活动。不过,对于初级阶段的孩子来说,能基本描述清楚图中内容、语句通顺就可以了。

读题时，重要的"画圈游戏"。

使用说明：看到作文题目，提醒小朋友不要急着写，一定要先把题目要求认真读一读，然后圈出来，写作的时候就能提醒自己将要点写完整，分数也就不会偷偷溜走啦。当然，在此基础之上，进一步掌握将句子写长的方法，就是描述环境，加上人物的表情、动作、心理活动和对话。

私房
作品集

看图想一想，图上画的是什么时间，什么地点，谁和谁在干什么？用几句话写下来。

 孩子说：我突然发现自己的写话练习经常被老师表扬，被同学们羡慕，好开心啊！

 老师说：写话是作文的基础。孩子们刚开始自主阅读、练习书写，很多字不认识、不会写，这些都是写话的障碍。越是这个时候，越需要家长耐心引导，鼓励他们的每一个小进步。

 妈妈说：陪伴孩子学习写话是个艰难的过程，简单的句子，偏偏说不清楚，写不明白，让人很着急。看到班里其他孩子可以写一段长话，自家孩子还是呆呆的，让人更加上火。但是老师妈妈说了，要慢慢来，跟着学，一步步走，效果会好很多，期待孩子更大的进步。

● 一句话写人

1. 她，长着一双圆圆的大眼睛，长睫毛都挡不住散发出来的无限魅力。（刘未晞）

2. 我最爱妈妈的红嘴唇，好似两片樱花瓣，一笑起来好像在风中摇曳。（刘未央）

3. 我有一个好朋友，她很乐于助人，总能给人带来温暖。（李佩昱）

4. 表哥有着长长的刘海，大大的耳朵，还有一张能一口吞下汉堡的嘴巴。（王悦涵）

5. 我很羡慕她，她有一头非常漂亮的长头发，能说一口非常流利的英语，更厉害的是她能经常去旅游。（潘露莹）

6. 他很爱笑，只要一笑，小小的眼睛就眯成了一条缝，那张红润润的小嘴也成了弯弯的月亮。（张思源）

7. 爷爷七十多岁了，既不抽烟，也不喝酒，他最大的爱好就是劳动。（胡天奇）

8. 王老师给我们上课的时候，总是面带微笑，温柔的眼睛里流露出慈爱的光芒。（胡辉）

9. 他有一双能找茬儿的眼睛，一张总让他挨批评的嘴，还有一双似乎没什么用的耳朵。（王泽宁）

10. 她身材修长，皮肤白白的，有一双不大也不小的眼睛，但目光十分锐利，几缕不安分的头发总挂在额前。（李希言）

11. 叔叔圆圆的脑袋里装了许许多多学问，但是，当你想去请教时，又会被他冷酷无情的表情吓回去。（徐子宁）

12. 她脸上最大的特点就是那双单眼皮的眼睛了，远看像锥子，近看会发现眼白居多，时常给人一种她在翻白眼的感觉。（胡心妍）

13. 她的眼睛水灵灵的，睫毛短短的，脸蛋儿上有两个若有若无的酒窝，笑起来特别可爱。（袁琦妍）

14. 她也许不是最优秀的一个，但绝对是放学后最晚走的一个，她总是会把教室打扫得干干净净。（胡菁琪）

15. 吕老师为人很随和，喜欢跟大家开玩笑，但上课时却十分认真，对同学们的作业和考试要求非常严格。（范雅娣）

● 一句话写事

1. 周末，小区里开展了亲子制作风筝的活动，我和爸爸妈妈一起做了一只漂亮的风筝。（刘诗涵）

2. 今天，老师布置了一个有趣的作业，让同学们用鸡蛋壳做一个不倒翁，我对这个作业可感兴趣啦！（丁家威）

3. 今天是我第一次当升旗手，虽然有点紧张，但望着冉冉升起的国旗，又有些自豪。（定珉睿）

4. 妈妈买了一个大西瓜，我一口一口品尝着，一不小心把一颗西瓜子吞了下去，它不会在我肚子里生根发芽吧？（范欣来）

5. 爸爸说周末陪我去动物园，可是下雨了，只能在家玩，唉，天公不作美。（刘博涛）

6. 运动会那天，我背起书包，拿起面包和牛奶飞奔到了学校，仿佛和电影里的闪电侠一样快。（任鹏）

7. "三八"妇女节那天，同学们没有像往常那样悠闲地直接回家，而是成群结队一起去买花。（刘穆远）

8. 今天，我和妈妈一起吃西瓜。只要一吃西瓜，我就会想起一个谜语：外面是绿的，里面是红的，吃起来是甜的，吐出来是黑的。（孙启哲）

9. 星期天，爸爸妈妈和我一起去了太行山景区，我看到了五指峰，很像人的五根手指头。（罗凡晨晖）

10. 又是一个周末，我出去玩，正好看到马路边有一排蚂蚁在"搬家"，我很好奇。（王菁豪）

11. 今天，我在公园里种了一棵小树，妈妈说，希望我跟小

树一起茁壮成长。（谢坤）

12. 教师节到了，我没有准备鲜花，也没有准备贺卡，但我给老师恭敬地敬了个礼。（喻子涵）

13. 我的愿望是当音乐老师，因为音乐能让人忘记烦恼，让人心情愉悦。（万瑾）

14. 今天跟妹妹一起出门，不到两岁的她一路指挥我捡地上的垃圾，真像一个"小领导"。（喻梓豪）

15. 今天，我的晚餐有夹着黄油的面包、各种各样的寿司、绿油油的菠菜，还有热乎乎的海带排骨汤，真是太丰盛了。（许嘉璐）

● 一句话写景

1. 冬天悄悄地走了，春天偷偷地从帐篷里钻了出来。（周圣轩）

2. 雨一直在下，如纱如雾，如线如缕，真是令人赏心悦目。（朱宸）

3. 太阳火辣辣的，它晒软了柏油马路，晒红了行人的脸庞。（毕哲维）

4. 夜，静悄悄的，月亮终于露出了笑脸，像一个大玉盘挂在天空。（朱古力）

5. 雨后的树木花草都显得特别精神，都露出了灿烂的笑脸。

（陈梓昕）

6. 在蓝宝石一样的天空中，飘浮着朵朵像雪一样的云。（罗惜文）

7. 群山重重叠叠，像波涛起伏的大海一样，雄伟壮观。（谢嘉翌）

8. 春天来了，春姑娘开始画画了。（余加沁）

9. 草地上的草也绿得可爱，有翠绿、草绿、水绿、墨绿、苹果绿。（陈泓杰）

10. 池塘像一面镜子，把蓝天、白云、庄稼、野花、小鸟都映在水中。（石靖瑶）

11. 天空，既像打磨得很光滑的蓝宝石，又像织得非常精致的蓝缎子。（殷程诗语）

12. 春风像一个心灵手巧的少女，染黄了迎春花，染绿了柳枝，染红了桃花。（李佩昱）

13. 太阳公公终于出来了，他放了好久的寒假。（胡家瑞）

14. 枫叶从绿变红，枫叶红的时候活像一只只红色的小手。（丁歆汝）

15. 朵朵白云犹如扬帆起航的小船，轻悠悠地飘着。（毕哲维）

● 一句话写物

1. 小鸭子全身长满黄茸茸的羽毛，走起路来一摇一摆，尾

巴一翘一翘，真可爱。（汤乐言）

2. 波斯猫的头上长着一对毛茸茸的耳朵，有一个粉色的鼻子，嘴巴也是粉色的，身上有许多白茸茸的毛，可真美啊！（汪亚伦）

3. 我做了一个"圣诞老公公面具"，用很多棉花粘在头上、眉毛上、下巴上，又用黑色笔在额头、眼角画了很多皱纹。（刘东旭）

4. 我和妈妈一起做了个小蛋糕，在上面涂上了一层厚厚的奶油。白色的蛋糕上有我最爱吃的水果，看起来味道好极了！（郭嘉棋）

5. 蚊子的嘴巴上长着一根又细又长的吸血管，顶端尖尖的，像一根绣花针，难怪可以扎进我们的皮肤里。（李天辰）

6. 家乡的紫砂茶具造型十分优美，有方形、圆形、扁平形，有南瓜形、梅竹形和各种动物形。（闫嘉良）

7. 湖北的藕又粗又白，一节连着一节，切开来，一个个小孔整齐排列着，像是有人专门设计的一样。（吴宇辰）

8. 小白兔圆圆的头顶上竖着一对长长的耳朵，透过阳光看，耳朵微微透红。（梅圆圆）

9. 泡桐树开花了，那一串串稠密的泡桐花，像一把把紫色的鸡毛掸子伸向天空。（蒋沐言）

10. 盒子里的蚕结茧了，它们霸占了纸盒子的每个角落和边边，每一颗茧都牢牢地黏在纸壁上。（刘雨昕）

11. 小金鱼有一双又大又圆的眼睛，长着一张小巧玲珑的嘴巴，游动时尾巴灵活地摆来摆去。（陈卓晖）

12. 我仔细观察，蜗牛头上有两对触角，一对长，一对短，这就是它的眼睛和鼻子吧。（汪子轩）

13. 我给家里的小乌龟称了体重、量了"身高"，它有 0.14 千克重，长 12 厘米，宽 10 厘米，厚 4.1 厘米。（范可心）

14. 伞的表面是丝线织起来的，虽然很密，但还是有一些小小的孔隙，雨水滴进这些小孔后，就形成了水膜，雨水就不会进到伞里。（卢则润）

15. 漂亮的鸽子全身披着灰褐色的羽毛，嘴尖尖的，嫩黄嫩黄，上面还有一撮灰褐色的绒毛。（黎梓墨）

16. 天鹅在湖面上娴静地、慢慢地游动着，平静的湖面像一面明亮的大镜子，倒映出天鹅美丽高雅的身影。（潘科睿）

● 一句话写感受

1. 我喜欢玩旋转木马，因为小木马一上一下，我的心也跟着一上一下，旋转木马可真好玩。（陈思宇）

2.滑滑梯真好玩，从上到下，"呼"的一下就从高处到了地面，简直太神奇了！（王汶懿）

3.今天，我得到了老师的表扬，高兴得就像一只活蹦乱跳的小兔子。（姚昀希）

4.我的心一下子提到了嗓子眼，我吓得直发抖，赶快跑了出来。（吴雅萌）

5.我的心就像吃了棉花糖一样，甜甜的，软软的。（周姚）

6.我的心像被针扎了一样，眼泪不听话地流了出来。（杨弋修）

7.妈妈狠狠地批评了我，我的心里就像打翻了调味瓶，真不是滋味。（邓宇淇）

8.我的脸"唰"地一下红得像猴子的屁股，我真后悔做了这件傻事。（王陈可）

9.我的生日是六一儿童节，不论多大，我都能过"六一"，我真得意。（郑炎卓）

10.螃蟹走起路来，横冲直撞，像是喝醉了酒，真有趣啊！（汪巩琳）

11.晚上，关了灯，黑漆漆的，好像会有无数个怪物会跑过来抓我，真可怕。（高海生）

12.我多么希望能像小鸟一样能飞，能像小鸟一样自由自在啊！（蒋亦俊）

13.不管是学习还是劳动，我们都要认真对待，不能马虎。（闵锐）

14. 我生怕盘子掉到地上，心扑通扑通直跳，手心直冒汗。(程烨暄)

15. 我心里七上八下的，真怕老师批评我字写得不工整。(邹子墨)

● 一句话写想象

1. 红红的太阳就像一个大苹果，我真想去天上把它摘下来，一口吃掉。(陈思宇)

2. 蜗牛小小的身体，背着一个漂亮的房子，累了，它就躲在里面呼呼大睡。(邹子墨)

3. 天上的云朵就像棉花糖，我真想飞上天空，一口将它们吃掉。(阮思静)

4. 晚上，我梦见长出了一双彩色的翅膀，自由地在天空中飞翔。(阮思静)

5. 走在回家的路上，花儿向我点头，草儿向我弯腰，树叶为我翩翩起舞。(阮思静)

6. 秋天的菊花，有的像节日的焰火，有的像美丽的珊瑚，风婆婆一吹，它们翩翩起舞，美极了!(李小杨)

7. 雨后，天空中有座美丽的彩虹桥，像是仙女从空中抛下的绸带。(李小杨)

8. 下雨啦，下雨啦，小熊只好把蘑菇当作小伞，依依不舍

地回家。（李小杨）

9. 夏天，荷叶圆圆，小蝌蚪在下面你追着我，我追着你，玩得真开心！（夏鹤畅）

10. 天空中的白云，有的像小马，有的像小猪，还有的像小绵羊，十分有趣。（夏鹤畅）

11. 冬天，雪花飘飘，我们可以打雪仗，可以堆雪人，还可以滚雪球。（夏鹤畅）

12. 向日葵开了，像一张张笑脸，太阳照在哪里，它就向着哪里微笑。（吴雅萌）

13. 郁金香就像是一个个彩色的杯子，里面盛满了五颜六色的饮料。（柯欣）

14. 果园里，黄澄澄的柿子就像一个个灯笼挂在枝头，把果树都压弯了腰。（柯欣）

15. 秋姐姐来了，大片的稻谷，就像是给大地铺上了金色的地毯。（程安青竹）

第二章
轻轻松松一段话

私房导语

　　现在要开始写一段话的练习啦！如何写一段话呢？很简单！一段话就是几句话拼起来。只是，拼的过程跟堆积木一样，要按照一定的顺序，根据需要更换合适的积木，搭出来的房子才会更漂亮。

　　各位妈妈在辅导中要更有耐心，孩子更需要的是鼓励！

私房导图

时间地点写准确 — 写出时间、地点

写什么

不放过一人一景一事一物 — 写出人、事、景、物

可以用类似的感受来比较，用上"就像……一样" — 写出自己的感受

会写一

形容风景好看的词语：真漂亮、太美了、好壮观等

形容心情好的词语：高兴、快乐、开心、兴奋、愉快等

表示看的词语：瞅、瞧、望、盯、瞄等

用词不重复

观察人物的外貌

观察人物的神态

观察人物的动作

抓特点，写出人物的不同

要注意什么

段话

怎么写

空间顺序

时间顺序

其他顺序

按顺序写

引导孩子说出细节

鼓励口头表达

组织语言写下来

写出大小

写出颜色

写出形状

写不出来时先说再写

用上形容词

用上"有的……有的……还有的"

第一课
空间顺序——我的学校长这样

9月10日 星期二 多云

周末，老师布置了一项作业：画一画你眼中的校园。

花生对画画有着浓厚兴趣，吃完饭就开始埋头苦画。她到底画了多久，我已经不记得了，下面这幅就是她的佳作，简单了点儿，但我还是肯定了她的作品，因为我这个"画渣"妈妈画得还不如她呢。

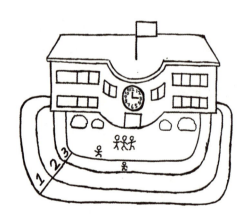

"画都画出来了，何不让她写一写呢？"看完这张小画，我灵机一动。只能说当老师的孩子都不容易，

哈哈！她可能也知道"胳膊拗不过大腿"，尽管有些不情愿，但还是写了：

我的学校可美丽啦！学校里有 lóu 房、有 piào liang 的花、有高高的 shù、有 guó qí，还有一个大 cāo chǎng，cāo chǎng 上还有一个高高的 lán qiú jià。下课了，同学们都在 cāo chǎng 上玩 yóu xì。

这就没了？老母亲表示不太满意啊。这幅图是校园场景，如果能用到观察顺序就好了——按由近及远或由远及近的顺序进行描述，会更富有条理。

"花生，妈妈今天传授你一个写作秘籍——观察顺序。看一幅图时，不能看到什么就写什么，这样会显得杂乱，又容易漏掉细节。"

"妈妈，那我该怎么看？"

"你可以按照从上到下的顺序观察，也可以按照由近到远，或由远到近的顺序，还可以按由主到次的顺序，选一种就可以。另外，最好用前、后、左、右、上、下、旁边等这些表示方位的词语。"

"妈妈，那我按从远到近的顺序观察，你听听对不对。我先看到教学楼，旁边是花坛，再往前看到操场还有操场上的人，最后看到篮球架，对吗？"

"对啊，然后再用之前学过的形容词，把它们描述得更具体一些，你试试看！"

我的学校可美丽啦！学校里有一座漂亮的教学楼，它是红色的，有两层。它的旁边有两个花坛，里面种着五颜六色的花。学校前面还有一个大操场，它有几个教室那么大。下课了，同学们都喜欢在操场上玩游戏。对了，操场的左边还有一个很高的篮球架，大哥哥们特别喜欢在那打球，我也想打，可是我太矮了。

"你看，妈妈只需看这篇作文，就知道你的学校长什么样了。"

"花生，你喜欢学校吗？"

"喜欢啊。"

"那你可以在结尾加入自己的感受，会让作文更加出彩哦。"

于是花生在最后又加了一句：

在学校我每天都很开心，我爱我的学校。

重要的观察顺序——空间顺序。

使用说明：空间顺序可以由远及近、由上及下、由高到低、由中间到四周，也可以相反。写景还要注意景物的位置，用上方位词，如：上、下、前、后、左、右、里面、外面、中间、旁边等。

看下图，按一定的观察顺序，将看到的内容描述出来。

第二课
时间顺序——土豆土豆，你快发芽

10月20日 星期四 晴

那天，花生一进家门就问："妈妈，家里有没有土豆？"

"有啊，怎么，晚上想吃土豆？"

"不是，今天科学老师说让我们自己种个土豆，观察土豆的生长过程。"

"这个活动好啊，家里刚好有土豆，还有个发芽的，我们一起种吧。"

花生第一次种土豆，心情很激动。

"花生，你要记得每天观察它的生长情况，并做记录。"

不得不说，她是幸运的。第一次种土豆，不仅发芽了，而且还开出了小花。我都觉得激动，决定引导她写一篇观察作文。

"花生，这么有意义的事，不记录下来多可惜啊。

你能把这段时间所观察到的土豆的变化以及感受写出来吗？妈妈相信你肯定会写得很棒！"

Kē xué 老师让我们 zhòng 土豆，guān chá 它的生长 biàn 化。回到家，我和妈妈一起 zhòng 了土豆，我每天给它 jiāo 水，可是它一直没发 yá，我以为它死了。妈妈说让我 zài děng děng，zuì 后它真的发 yá 了，还开花了，我可开心啦。

"写得很好！如果能结合你的记录表，再加上具体时间，就更棒了。比如，哪一天种的？第几天它发芽的？什么时候开花的？

"这个简单，我会。"

今天，科学老师让我们种土豆，观察它的生长变化。回到家，我和妈妈一起种了一盆土豆，我每天给它浇水，希望它能快快发芽长大。可是，等了五天，它都没发芽，我还以为它死了。妈妈说让我不要急，再等等。我就继续每天浇水观察，又过了一个星期，我看到一个绿色的尖尖。哇，它真的发芽啦！我高兴得直跺脚。
我继续每天观察它，一个月过去了，它越长越高，越
来越大，还开了白色的小花。我好开心好开心啊！

　　"花生，你又学会了一个作文秘籍：时间顺序。
以后遇到描述动植物生长过程的作文，都可以采用
哦。"

重要的观察顺序——时间顺序。

使用说明：除了学会使用空间顺序，也要知道时间顺序的使用方法。具体的时间点会使作文更加准确、详细，用得好还能起到画龙点睛的效果。通常在描述人的成长、动植物的生长，或其他有过程的事件时，都可以使用。

表示时间顺序的词语有：早上、上午、中午、下午、傍晚、晚上、半夜等；还有一些跨度比较大的时间短语，如一年过去了、一个月过去了等。

亲爱的宝贝，今天过得怎么样？从早上起床到傍晚放学，都做了哪些事呢？能分享一下吗？

第三课
井井有条的大扫除

11月5月 星期四 晴

今天，花生班上布置了大扫除。因为孩子太小，大扫除对他们来说有难度，于是，我和其他几位妈妈主动请缨去教室做卫生，花生也在"帮忙"。你瞧：她一会儿拿扫把，一会儿擦墙，一会儿摆桌子，忙得不亦乐乎。估计是第一次参加，所以才这么兴奋。看着她小花猫般的脸蛋儿和溅着水渍、污垢的衣服，我伸出双臂，给花生一个大大的拥抱。

趁热打铁，回到家，我开始着手布置今天的写作任务。

她是这样写的：

今天星期四，我们 jiào shì 大扫除了。有很多人在做卫生，我也在 bāng máng，我 ná 扫把扫了 dì，把 lā jī 扫到 bò ji 里，用抹布 zhàn 水 cā 了 qiáng。我很 lèi，但是很开心。

看了花生的作文，我又抱抱她，肯定了她今天的表现，又夸她作文写得好，能够将做的事写出来，很不错。但我是个精益求精的妈妈，当然要帮她将作文修改得更完美些：

今天星期四，我们 jiào shì 大扫除了。有很多人在做卫生，我也在 bāng máng，（　　　）我 ná 扫把扫了 dì，（　　　）把 lā jī 扫到 bò ji 里，（　　　）用 mā 布 zhàn 水 cā 了 qiáng。我很 lèi，但是（　　　）很开心。

花生看着几个空，有点不高兴，不知该填什么。于是，我开始讲"顺序词"这个秘密武器，例如：首先、然后、最后，当有很多事情要做时，这些词就可以派上用场，让作文更清晰、更有条理。

她好像有些懂了，改成了这样：

今天星期四，我们 jiào shì 大扫除了。有很多人在做卫生，我也在 bāng máng，首先我 ná 扫把扫了 dì，然后把 lā jī 扫到 bò ji 里，最后用 mā 布 zhàn 水 cā 了 qiáng。我很 lèi，但是看到这么干 jìng 的 jiào shì，我很开心。

她以为结束了。我又耐心地说："花生，你再想想这篇作文能不能用上'有……有……还有……'这个秘密武器呢？"她把作文读了一遍，没有找到该添加的位置。我让她又读了一遍。仿佛顿悟一般，她突然叫道："妈妈，我知道了！"

于是，最终呈现的作文是这样的：

今天星期四，我们教室大扫除了。有很多人在做卫生，有思怡妈妈，有雅一妈妈，有志豪妈妈，还有我妈妈。我也在帮忙，首先我拿扫把扫了地，然后把垃圾扫到簸箕里，最后用抹布蘸水擦了墙。我很累，但是看到这么干净的教室，我心里很开心。

花生兴奋地说："妈妈，我今天又学会了一个秘密武器。耶，好开心呀！"

她开心，我也高兴。希望花生能够继续保持这种积极、热情的学习态度，一起探索更多的秘密武器。

首先……然后……最后……

使用说明：表示先后顺序的词语，一般用在有复杂过程的事件中，或有一定顺序的多个事件中。比如，今天回家，我首先完成了家庭作业，然后吃了晚饭，最后看了会儿电视。

聪明的你一定也会做番茄炒蛋这道经典菜吧！你是怎么做的？试着以"我是小小厨师"为题目，把过程写出来吧，记得用上私房武器哦。

第四课
不要重复啰唆

11月25日 星期日 晴

圆圆今天看图写话的主题是《秋天的田野》。

我先让她自己看图写一写,她是这样写的:

我第一次见到五彩 bīn fēn 的树叶,真 piào liang,

忍不住 zhāi 下一片带回家,真是太 piào liang 了。

　　这句话真的好短，而且还重复使用了"真漂亮"和"真是太漂亮了"。

　　"难道形容好看就只能用漂亮吗？"我问圆圆。

　　圆圆说："不是啊，还有真好看呀，好美丽呀。"

　　"是啊，有这么多形容好看的词，为什么不换着用一下呢？"

　　于是，圆圆改成了这样：

　　我第一次看到五彩 bīn fēn 的树叶，真 piào liang，忍不住 zhāi 下一片带回家，太美了。

　　重复的问题解决了，可还是太短，主要的毛病，是只抓住看图写话中一个部分来写。今天只写了树，但这幅图里除了树，还有其他景物、人物，她都没有写。我耐心地教了她这些，她终于交上了一篇比较完整的看图写话：

　　　　　　　秋天的田野

　　有一天，我来到了一个漂亮的果园，这是我第一次看见五彩缤纷的树叶，真漂亮！我忍不住摘下一片带回家去。这时，我瞧见远处的农夫们正在果园里辛苦劳动。我正想跑过去看看，就瞅见旁边有一位老奶奶在那里摘红彤彤的苹果，苹果看起来真好吃！这个秋天真是太美了！

注重词语积累。

使用说明：因为孩子词汇量还不丰富，往往习惯性用一个词替代所有要表达的某个意思。但是，中文的魅力恰恰在于一个意思可以有很多种表达方式，引导他们积累和使用新词语，才能让句子丰富、出彩。

美丽的春天来了！请写一段话，表现春天的特点。

第五课
不会写的时候就先说

11月22日 星期六 晴

圆圆最近老对我说：

"妈妈，我不知道怎么写！"

"我不知道写什么！"

"我已经写了很多了，怎么还要写呢？"

拿起笔不知道写什么，是很多孩子都会遇到的问题，也是让妈妈头疼的难题。妈妈们都希望孩子能够顺利写出来，成为写话小达人，但现实是残酷的，发脾气没用，要教他们方法才行。

其实，我们只需要对孩子说："你是怎么想的呀？说出来，怎么想你就怎么说，怎么说你就怎么写。"

孩子的想象无边无际，对写话也有兴趣，只是有时候有一种畏难情绪，觉得自己没什么可写的。此时只要妈妈耐心引导，问一句答一句，在一问一答中，作文自然就写成了。

比如圆圆这次遇到一个想象类的看图写话题目（见下图），就可以采取问答方式：

我："你觉得月亮上会有什么？"

圆圆："有月兔，有漂亮的房子。"

我："你想和谁一起去月亮上？"

圆圆："和爸爸妈妈一起！"

我："你想带什么到月亮上去？"

圆圆："我的包、橙橙（一个玩具兔子）、好吃的。"

我："把刚才的话写下来吧！"

圆圆想了一下，表示还是下不了笔。我吸了口气，说："你就把刚刚的问题连起来回答一遍就行了。"

于是她这样写道：

我 jué de 月亮上有月兔和漂亮的房子，我想和爸爸妈妈一起到月亮上去，带上我的包、chéng cheng 和很多好吃的。

看完这句话，我不由感叹：这居然是八岁娃娃的水平啊！说话像记流水账，没有任何形容词，也没有关联词出现。唉！于是我接着问道："月兔长什么样呢？房子会是什么颜色的？我们仨怎么去的月亮？你带上这些东西，去月亮上想干什么呢？"

经过一番思考，她修改如下：

今天，我和妈妈一起赏月。看着大大的月亮，我觉得上面会有雪白的月兔，它长着长长的耳朵，红红的大眼睛，正对我眨着眼睛。月亮上还有五颜六色的房子，会随着时间变幻出不同的图案。早晨，它是一朵玫瑰花；中午，它是一个大娃娃；晚上，它是一张舒服的床。在梦里，我和爸爸妈妈乘火箭到月亮上去了，我们带了橙橙和很多好吃的，全部装在我的包里，在漂亮的房子前，我们开始野餐。真是太神奇了！

先说再写。

使用说明：妈妈遇到孩子叫喊着不会写话时，不要着急，先跟他们进行口头作文练习，就像阅读绘本一样，引导他们说出细节，再用前面已经学过的秘密武器，把细节有序地串起来，就成为一篇更长、更具体的话了，最后引导孩子一气呵成地写下来。

想一想，再写一写，地底下有什么呢？

_____

_____

第六课
这幅图你写全了吗？

12 月 19 日 星期五 阴

　　今天，我和圆圆进行的是看图写话练习。题目的要求是：这是什么季节？他们在那里干什么？

　　读题之后，圆圆写下这样几句话：

　　下雪了，下雪了，男孩和女孩在雪地里堆雪人，两位男生在打雪 zhàng，他们玩得可高兴了。

　　这两句话非常通顺，没有毛病。但她没有把图上所有人物都写清楚，比如与女孩子一起堆雪人的男孩子，实际上是在滚雪球，并没有堆雪人。没想到，等我指出问题，小家伙居然反驳说："这个男孩子滚雪球，就是为了堆雪人，给雪人做身体。"

　　对于这种辩解，我表示"老铁，没毛病"，但仍然不完整——她只写了这幅画中人物的动作、做的事情，没有写图画中的景象。于是我问道："你看，这幅图中描写的是冬天下雪的情景，对吧？你觉得下雪是一个什么样的场景？"

　　她马上回答："是一个非常漂亮的场景。"

　　"你觉得哪里漂亮？"

　　"白色的雪地！"

　　"你再看看，这幅画上除了地上的白雪之外，还描写了什么样的景物、人物？这些人都穿着什么样的衣服？远处有什么？房子在下雪时会有什么不一样呢？为什么树枝是白的呢？树上还有叶子吗？叶子去哪儿了？"

一连串的问题问下来，就是希望她能注意到这些漏掉的地方。"可是妈妈，是不是太多了啊？"小家伙又开始讨价还价。

"就是要多呀！"

然后，我开始引导她组织语言，给这句话穿一根线："首先，应该写下雪了，大地变成什么样，远处的房子啥样，树枝怎样，然后再写小朋友们在做什么。听明白了，就去写吧。"

这是她最后写出来的：

冬天下雪啦，地上全都是白色的，因为上面铺上了一层白白的雪。远处的房顶也是白白的，光秃秃的树枝上也是白白的，还结了冰。男孩和女孩在雪地里堆雪人，还有两个孩子在打雪仗，他们戴着厚厚的帽子，厚厚的手套，玩得可高兴了，一点儿也不觉得冷！下雪太棒了！

看图写话要全面。

使用说明：看图写话最忌没写全。考试的评分标准，是按照一人一景安排得分。如果遗漏，便不能得全分。要提醒孩子仔细观察，不要漏掉图中任何一处。

下课了！会发生什么事呢？写下当时的情景吧。

第七课
写清楚时间和地点

1月5日 星期日 晴

"妈妈，仓仓居然爬到我手上了，好痒呀，它会不会咬我……"小宝又兴奋又害怕地喊道。

看到小宝如此喜爱这只可爱的小仓鼠，我终于觉得，这只仓鼠买得值了。趁着小宝的兴奋劲儿，我说："你刚刚克服了恐惧和仓仓近距离接触，这可是一件有意义的事，你开心吗？"

小宝又蹦又跳地说："当然开心了，以前我只敢隔着笼子和它玩，不敢和它近距离接触，更别说让它爬到我手上了，我今天太勇敢了！"

"是啊，妈妈也为你高兴，你今天的确很勇敢。这么有意义的时刻是值得纪念的，如果能够写下来，妈妈就更为你骄傲了。"我趁热打铁，夸了小宝。

夸奖立马奏效了，小宝说："我马上写下来。"

小宝是这样写的：

可爱的仓仓，爬到了我的手上。一开始，我很害怕，因为它身体 ruǎn ruǎn 的，跑起来，我的手心还 má má 的，我又 hài pà 又兴 fèn。我高兴的是，我终于敢这么近 jù lí 和它玩，怕的是，它会 tū rán yǎo 我一口。

看到小宝能把这种切身体会写下来，我甭提有多高兴，毫不吝啬地夸奖道："小宝能把这么有意思的事写下来，真棒！"

趁他正得意，我提了个小建议："小宝，写话是为了纪念这个时刻，可是从你写的话里我并没看到时间呀。"

小宝一脸疑惑地说："不就是今天晚上发生的吗，这个也需要写呀？"

"当然，如果隔一段时间再读这段话，你肯定不记得是什么时候发生的了，所以要把具体的时间写出来。"我耐心地对小宝说，然后又追问道："这件事是在哪里发生的呢？是家里还是朋友家，别人还是不知道呀！"

小宝说："这件事是在家里发生的，在客厅。"

"嗯，都要加上去。如果能把仓仓的外形写下来，就更好了。"

小宝极不情愿地说："那多难写啊，我不会。"

我不急不慢地说："那咱们先观察它的外形，比如它的毛、嘴巴、牙齿、眼睛。"

小宝说："它是白色的，而且还有一条棕色的斑纹，像个雪球一样。"

我接着问："它的嘴巴和牙齿呢？"

小宝说："嘴巴小小的，牙齿尖尖的。"

我再问："它的眼睛呢？"

小宝说："眼睛很亮。"

追问完后，我提醒小宝："要是能加上时间、地点和仓仓的外形，这篇写话不仅清楚明了，还会很充实。"

小宝恍然大悟，立即进行了修改。

今天晚上，我在客厅和可爱的仓仓玩。仓仓白白的，像个雪球一样，背上还有一条棕色的斑纹。它的嘴巴小小的，牙齿尖尖的，眼睛亮亮的。可爱的仓仓爬到了我的手上。一开始，我很害怕，因为它身体软软的，跑起来，我的手心还麻麻的，我又害怕又兴奋。我高兴的是，我终于敢这么近距离和它玩了；怕的是，它会突然咬我一口。

写清楚时间地点。

　　使用说明：小朋友写话容易忽略时间和地点，但时间和地点分别是记叙的"六个要素"之一。一开始练习写话，妈妈要提醒孩子，检查时间和地点是否交代清楚了！

　　如果今天你值日，你会做些什么呢？
以"今天我值日"为题写一写吧。

_____

_____

第八课
写清楚你做了什么事

2月23日 星期六 晴

　　"城市英雄"是小朋友的最爱，小宝也不例外，常常吵着闹着要去玩。为此，我们经常打"持久战"。庆幸的是，我们最终达成协议：作业本上每得到2个甲（或A），就兑换1个积分，达到10个积分便可以去玩一次，玩过之后还要回家写话。

　　即使面对这样的条件，小宝也答应了，大概他脑子里只记住可以去玩"城市英雄"了。

　　今天便是积分兑换日，小宝期盼已久，手舞足蹈地说："你可不许食言，要让我玩个痛快。"

　　我笑眯眯地说："妈妈说到做到，你也要记得回家后写话。"

　　小宝哪里还管那么多，连连回答说："知道知道，玩痛快了才会写嘛。"

　　回家后，小宝还挺重承诺的，他这样写道：

星期六，yàn yáng gāo zhào，我用 10 个积分 duì huàn 了一次机会，去玩我特别喜欢的"chéng shì yīng xióng"。那里有很多的 xiàng mù，我不仅玩了 cì jī 的 tóu lán，还玩了 nán dù 很大的抓娃娃 yóu xì，我还抓到一只小马呢，我可真是个 xìng yùn 儿。我玩得真开心！

看完这段话，我提问："你去'城市英雄'干什么呢？"

小宝回答："当然是去玩啊。"

"那你究竟玩了些什么呢？"我接着追问。

"今天玩了这么多项目，哪里写得完，我都记不清楚了。"小宝无奈地说。

"你玩了很多项目，但并不需要将每一个都写下来，只需写清楚你最喜欢玩的或印象最深刻的就行。"我解释道。

小宝说："我玩得最开心的是投篮游戏。"

"那就把你如何玩投篮写清楚，写具体就可以了。"

"投篮怎么写具体呢？"

"可以写投篮的动作，还可以写玩的感受呀！"

"我抱着篮球举起来，然后投向篮筐，忙得直流汗。"

"嗯，为什么忙得流汗呢？"

"因为投过篮筐后，球就会滚出来，而且有时间限制。"

我点点头，笑着说："就把你刚刚说的话理顺，写下来吧。"

小宝这样写道：

星期六，艳阳高照，我用 10 个积分兑换了一次机会，去玩我特别喜欢的"城市英雄"。那里有很多项目，我玩了很多，其中最精彩刺激的是投篮。我举起篮球用力投向篮筐，篮球立马就滚了出来，我赶紧拿起球又投进去。因为有时间限制，我忙得都出汗了。最后，我还玩了难度很大的抓娃娃游戏，抓到一只小马，我可真是幸运啊。我玩得真开心！

写清楚做了什么事。

使用说明：刚开始写话时，小朋友很难写清楚一段完整的话，或者写得干巴巴的，空洞无物。这时，妈妈应该引导他怎样写清楚、写具体。简单讲就是，写出到底做了什么事，是怎样做的，把当时的动作和感受写出来。

你玩过"老鹰捉小鸡"的游戏吗？是
怎么玩的？写一写。

私房
作品集

_____

_____

第九课
不一样的动物们

3月19日 星期五 晴

　　今天，学校组织春游，去动物园。圆圆很早就自己起床了。等我睁眼，她已经穿好衣服，开始刷牙洗脸了。我忍不住吐槽：估计只有不上学、出去玩，才能治她的赖床毛病。这比我费尽口舌，发顿脾气要奏效多了。

　　动物园很大，我不知道圆圆都看了些什么，记住了哪些动物，反正她很累，说是在回来的路上就睡着了，回到家时还有点迷迷糊糊。今天的语文作业是作文，记录今天的春游活动。

　　她想了一会儿，是这么写的：

　　今天，学校带我们去动物园玩。那里有很多动物，有我最怕的 lǎo hǔ。我很喜欢大 xióng 猫，它很可爱！我 xī wàng 妈妈再带我去玩。

　　我觉得写得不错，交代了时间、地点、干什么，还写了自己内心的想法。但我不能就此打住，所以我的娃，请继续修改。于是，我添加了几个括号：

　　今天，学校带我们去动物园玩。那里有很多动物，有（　　　），有（　　　），有（　　　）……其中我最怕的是老虎，它很（　　　）。最喜欢的是大熊猫，它很可爱！动物园让我（　　　），我希望妈妈再带我去玩。

　　这样添改一下，字数就快突破 100 了。我以前给她讲了"有……有……有……"这个秘密武器，当动物很多时，可以用这个方法多写几个动物的名字。再让她多写写自己游玩过后内心的真实感受，这样能让作文更有真情实感。
　　于是她改成了这样：

　　今天学校带我们去动物园玩。那里有很多动物，有天鹅，有斑马，有长颈鹿……其中我最怕的是老虎，它很可怕。最喜欢的是大熊猫，它很可爱！去动物园让我很开心，我希望妈妈再带我去玩。

你们以为这样就 OK 了吗？不，不，不！

接着改：

今天学校带我们去动物园玩。那里有很多动物，有（　　）的天鹅，有（　　）的斑马，有（　　）的长颈鹿……其中我最怕的是老虎，它长着（　　　），很可怕；最喜欢的是大熊猫，它看起来（　　　），很可爱！去动物园让我很开心，我希望妈妈再带我去玩。

我又加了几个括号，让她能把看到的动物们写得更具体一些，而且多一些自己的主观情感加入其中会更生动。圆圆小朋友很上道，马上就写：

今天学校带我们去动物园玩。那里有很多动物，有（白色）的天鹅，有（好吃）的斑马，有（脖子长长）的长颈鹿……其中我最怕的是老虎，它长着（大尖牙），很可怕；最喜欢的是大熊猫，它看起来（萌萌哒），很可爱！去动物园让我很开心，我希望妈妈再带我去玩。

　　嗯，我终于放过了小圆圆，让她把最后的定稿誊写在小作文本上。

　　圆圆吐出了一口气，大喊一声："耶！"

加形容词，抓细节描写。

　　使用说明：想要使句子更加形象、生动、活泼，就需要使用形容词，描述事物的细节，比如事物的颜色、大小、长短、给人的感受等，加在想要描写的事物前面，这样句子读起来会更加具象化，更立体。

　　海洋世界很好玩，你去过吗？快写一写你看到了什么吧！

第十课
写出自己的感受，让别人感同身受

4月23日 星期四 晴

今天，圆圆一回家就告诉我她在学校哭了。我马上问为什么，她说是跑步时摔了一跤，蹭破了皮，所以哭了。同学们都在安慰她，老师还帮她擦了药。

跑步？我马上反应过来，今天学校开运动会，她报名参加了 30 米跑项目。肯定是在比赛时摔跤了。

唉，现在的孩子太娇气了。我小时候不知道摔了多少跤，膝盖上总是这个疤没好，另一个伤又来了。擦上紫药水后，膝盖总是挂着显眼的紫黑色，在阳光下闪闪发亮。

我心里这么想着，嘴上却对孩子说："摔疼了吧？小可怜！"

我抱着圆圆，在怀里轻轻摇晃着，享受着温馨的亲子时光。又看看她手上蹭破的皮，凑到嘴边轻轻吹了吹："疼痛飞走了！"

　　我一边安慰圆圆，一边想着这是个很好的写作契机啊！

　　"圆圆，我们把今天摔跤的事情写出来吧！"我笑眯眯地对女儿说。

　　"好啊！"圆圆也很感兴趣，这是好事情。

　　"你先自己写一句试试！"我想看看她会写出什么来。

　　今天学校开运动会了，我在跑步的时候 shuāi 了一 jiāo，我哭了，可 téng 了！

乍一看挺好的，交代了时间、地点和事件。可是太简单了！

"开运动会时，学校操场是什么样子呀？"

圆圆想了想："很吵啊！到处都是人！"

"那你在这里加上一句吧！"我给了她一个空。

今天学校开运动会了，到处（　　　　　　　　　）。我在跑步的时候摔了一跤，我哭了。可疼了！

圆圆马上填了上去：

今天学校开运动会了，到处（都是人，吵吵闹闹的）。我在跑步的时候摔了一跤，我哭了。可疼了！

"跑步的时候，你为什么会摔跤呀？"我继续引导。

"不知道啊，就这么摔了，也不知道怎么了！"圆圆感觉很疑惑。

"对啊，这种感受也可以写进去！"

今天学校开运动会了，到处（ 都是人，吵吵闹闹的 ）。
我在跑步的时候，（ 不知道怎么回事，突然 ）摔了一跤，
我哭了。可疼了！

"摔得有多疼呢？ " 我让她回忆一下痛感。

"很疼。"

"能说得再具体一点吗？ "

"又麻又疼。"

"你吃辣椒的时候嘴巴是不是也是又痛又麻？ "

"嗯，有点儿像。"

"对啊，把你的感受写进去，这样别人才知道你
有多疼！ 不然以为你假哭呢！ "

今天学校开运动会了，到处都是人，吵吵闹闹的。
我在跑步的时候，（ 不知道怎么回事，突然 ）摔了一跤，
（ 像上次吃辣椒辣到了嘴巴的感觉 ），可疼了！ 我哭了。

"你哭的时候，周围同学在做什么呢？ "

"他们都过来拉我起来，安慰我！ "

"啊，这么棒的同学，应该写到作文里！"

今天学校开运动会了，到处都是人，吵吵闹闹的。我在跑步的时候，（不知道怎么回事，突然）摔了一跤，（像上次吃辣椒辣到了嘴巴的感觉），可疼了！我哭了起来，（周围的同学看见了，马上过来扶我，还安慰我。）

"你想对同学们说些什么呢？"

今天学校开运动会了，到处都是人，吵吵闹闹的。我在跑步的时候，（不知道怎么回事，突然）摔了一跤，（像上次吃辣椒辣到了嘴巴的感觉），可疼了！我哭了起来，（周围的同学看见了，马上过来扶我，还安慰我。）（谢谢你们！我太幸福了！）

哎呀呀，一篇生动的运动会摔跤作文完成了！女儿真棒！

身体的感受要写具体。

使用说明：作文中写到"疼"，读者光看这个字是感受不到疼的，只有用以前生活中经历过的类似感受来进行比较，这样才能迅速让读者感同身受。例如，我头很痛，就像有人用锤子在敲我的头一样。

"妈妈，我肚子疼。"你在什么情况下会说这句话？你能写下当时的感受吗？

_____

_____

第十一课
这么多人，怎么写？

5月12日 星期三 晴

现在，圆圆的学校开始春季锻炼了，正好可以写一下大课间活动。等她七点半做完作业，我就说："来，圆圆，我们一起写作文吧！"她已经习惯了，马上拿出画画本，把笔递给我，"好，我们一起画！"

我在纸上画了操场，然后画了几个在做运动的孩子：踢毽子的男生、跳短绳的女孩子，跳长绳的孩子们。为了区别他们，我还画了不同的发型和衣服。和女儿一起画画，成就感很高，不论我画成啥样，她都觉得好，觉得妈妈好厉害。嘻嘻！

"圆圆，你来看，操场上的同学们正在玩什么呢？"我指着画问。

"在跳绳，踢毽子。"圆圆马上回答。

"这个是跳长绳，你看，绳子很长，需要两个人甩。"我补充道。

　　"嗯，这个我在操场上见过，三年级的在玩这个。"
圆圆指着跳长绳的图片说。

　　"你见过就太好了。那你用'有的……有的……
还有的'来写一下操场上大家在玩什么吧！"我给了
她一个非常有用的句式。

　　果然，圆圆很快就写完了：

　　下课了，大家都在 cāo chǎng 上玩，有的在 tiào
duǎn shéng，有的在 tiào 长 shéng，还有的在 tī jiàn 子。

很棒啊，圆圆一下子就完成了画面的描述，写了30 个字。

这样写还不够具体，我要指导她学会观察，将人物的不同状态写出来。

"圆圆，你看看，这个跳短绳的女孩子梳什么辫子？"

"两条辫子。"

"在她跳绳子的时候，这两个辫子会怎么样？"

"一上一下跳动。"

"嗯，那这样像什么呢？"

"像小白兔的耳朵。"圆圆想了一下说。

哇，孩子的想象力确实比我棒啊！我就没想出来。

我说："那你就写下来吧！"

于是她在后面加上了这么一句：

下课了，大家都在操场上玩，有的在跳短绳，有的在跳长绳，还有的在踢毽子。（跳短绳的女孩扎着两条辫子，辫子一上一下跳动着，像小白兔的耳朵。）

一下子生动具体了很多啊！还多了 28 个字，好开心!

"那你再继续看看其他的小朋友是什么样子的，比如这个甩长绳的。"我迫不及待地问着。

"嗯……"她想了一会儿，"他们在用力甩绳子。"

"对！再想想，他们还可能做什么？你们平时跳绳的时候会做些什么呢？"我不气馁，继续引导。

"数数啊！"

于是，她写道：

下课了，大家都在操场上玩，有的在跳短绳，有的在跳长绳，还有的在踢毽子。跳短绳的女孩扎着两条辫子，辫子一上一下跳动着，像小白兔的耳朵。（两个甩长绳的同学一边用力地甩绳子，一边数数。）

"那踢毽子的小朋友呢？你看看他的眼睛！"我接着问。

"在盯着毽子看。"

"对，毽子一会儿飞上去，一会落下来，所以他的眼睛会怎样？"

"一会儿向上看，一会儿向下看。"

"对啦！"我鼓励她把刚刚说的话写下来。

下课了，大家都在操场上玩，有的在跳短绳，有的在跳长绳，还有的在踢毽子。跳短绳的女孩扎着两条辫子，辫子一上一下跳动着，像小白兔的耳朵。两个甩长绳的同学一边用力地甩绳子，一边数数。（踢毽子的男孩眼睛盯着毽子，一会儿向上看，一会儿向下看，生怕毽子掉到地上。）

一篇完整而生动的课间活动小段落就完成了，孩子很有成就感，没想到自己能写这么长的一段，她嘚瑟地跟外婆说："今天我写了整整一张纸，两面啊！"

有的……有的……还有的……

使用说明：当要描写一个场景中的多个人物动态时，我们可以用上这个句式，在列举颜色、形状、类别的时候也可以用。比如：停车场里有很多汽车。有的汽车是红色的，有的汽车是灰色的，还有的汽车是黑色的。

秋游了，大家都在公园里玩什么呢?
写一写吧!

私房
小话

孩子说：其实我一点也不讨厌写话，能把每天的生活和游戏、快乐和烦恼写出来和大家分享，真让我开心。不会写的时候，爸爸妈妈都会帮助我，在学校写得好的话，回家后还能得到爸爸妈妈夸奖呢！

老师说：本阶段的写话以培养孩子的写作兴趣为主，但要求会比上阶段高：句子更长更多，且要按照一定的顺序写，写全面、写清楚、写出自己的感受。这种训练是为中级阶段的正式作文做准备。

妈妈说：在陪同孩子写话的过程中，我有时会忍不住发脾气，但事后又很后悔，因为孩子确实是不会写，才写得不好。对于这个年龄段的孩子，不能用成年人的眼光去要求，不能让自己的不耐烦破坏孩子对写作的美好期待。我不停地提醒自己：慢慢来，多鼓励！他的进步已经很大了！

私房范文赏析

● 一段话写人

1. 我很喜欢画画，我的愿望就是长大后当一名画家。画画是件奇妙的事情，几个小小的形状，可以组成不同的图案：小动物、小火车等。一盒小小的颜料，可以调出不同的颜色，画出五彩缤纷的小花：有绿色的、蓝色的、黄色的、红色的，真是美丽。每次看见一幅幅漂亮的画，我都会很开心。(孙玥涵)

2. 她有一对浓密的弯眉，双眼皮下的大眼睛忽闪忽闪的，像星星一样明亮，红扑扑的脸蛋圆润又饱满，一头瀑布般的黑发总是高高扎起，优雅极了。她的身材微胖，让人不自觉地感到温暖。有时候，她却是一个冒失鬼，常常忘记要做的事，可这并没有给大家带来坏印象，反而让她多了几分可爱。(江佳蕊)

3. 一对柳叶眉，一双大大的眼睛又黑又亮，瞳孔中还带着淡淡的金黄色和一缕灰色。鼻子挺拔，嘴唇红红的，好似两片樱花瓣，笑起来好像风铃在风中摇曳。她常常梳着两个长马尾，跑起来，马尾辫一上一下地跳动着，充满活力。

或许是经常户外运动的原因，她的皮肤有些黝黑，但看起来十分健美。她就是童心琳。（唐韵竹）

4. 辅导班里，我的数学老师姓吕，同学们叫他吕老师。有时候故意加点鼻音，就成了"女老师"。头一次听同学们这样叫，吕老师脸一沉，胸一挺，一派严肃地说："什么女老师？我是男的！"（秦诗瑄）

5. 妈妈今年 35 岁了，但她看起来只有 20 多岁。妈妈爱运动，脸上总是挂着微笑。她常说："人总是会一天天变老的，我们无法改变自然规律，但可以让心永远年轻。"（童心琳）

6. 我好朋友的性格就好比平静透亮的湖面。在我看来都火烧眉毛的时候，那面湖还是一如既往的平静，即使有一些圈圈点点的小涟漪，也会以最快的速度恢复平静。（孙玥涵）

7. 爸爸的爱，不像妈妈的爱那样温柔、那样温暖、那样舒服。但爸爸的爱有它的独特之处，它深沉、含蓄，对儿女默默奉献着；它踏实、真实，一直这样付出着。爸爸经常说："自己犯的错，就该自己承担。"那一刹那，我读懂了什么叫爸爸的爱。（秦诗瑄）

8. 在我记忆中，王老师一直是个温柔美丽的人。她有一头乌黑乌黑的长发，精致的面庞，像是从天宫蟠桃盛会中走出来的小仙女。她一笑，整个世界都变得美好，同学们经

常被她的笑容感染，尊称她为"笑花"。（林尹棋）

● 一段话写事

1. 今天下午，同学们在操场进行队列训练。操场上静悄悄的，耀眼的阳光使人睁不开眼睛。"立正！"体育老师口令一下，队列中的每个人都站直了身体。大家昂首挺胸，目视前方，双手紧紧贴着大腿，双脚站成八字形，像一棵棵挺拔的小树。（万一凡）

2. 我和爸爸来到理工大的游泳馆，这里的游泳池很大，池子里的水很清。我迫不及待地换好泳衣，戴上泳帽准备下水。我刚准备往下跳，爸爸一把拦住我说："先做热身。"对啊，教练以前再三强调过，不热身下水，会抽筋的，那就太危险了！（何宇航）

3. 今天学校发新书了。班主任王老师抱着一摞书进来的时候，大家都伸长了脖子期待着，好奇到底是什么书呢？那新书还没传到我手里，一股油墨香味就扑鼻而来，拿到书后我小心翼翼地翻开第一页，生怕给弄坏了。（曾凯）

4. 南湖的巡司河开始挖河泥了，很多人站在桥上看热闹。只见两个挖掘机浮在河面上，大铁爪不停地把河底的淤泥

挖起来，运到岸边去。隔那么远的距离我都可以闻到河泥的臭味。真希望这条河能早日整治好啊。（李思颖）

5. 晚上家里刚要吃饭，爸爸踏着欢快的脚步回来了，妈妈听到这声音就说："看来你爸今天有开心的事情啊！"果然，吃饭的时候，爸爸笑着说："这次我可以加一级工资了。"妈妈立刻追问："加多少？"爸爸夹口菜回答："每个月多100块。"妈妈点点头："嗯嗯，虽然不多，但积少成多吧。"（李明宇）

6. 今天该我升旗了，我一进教室就被值日生喊去大队部做准备。进了大队部，高年级的大哥哥给我戴上了红色绶带，把我领到国旗杆下，手把手教我升旗。这么近距离地看着国旗，手里摸着国旗，我心里激动极了，又为待会的升旗紧张万分。（施高远）

7. 今天是我和好朋友叶子告别的日子。她要转到别的学校了，好像是因为她爸爸的工作原因。我早早就准备好了告别礼物：一幅画，上面画着我和她，还写了一句祝福的话。当我把自己精心准备的礼物送给叶子的时候，她突然哭了起来，我也跟着哭了起来。但是纵有再多的舍不得，我们还是要分开了。（张锦鹏）

8. 今天我学会给家家量血压了。我把绑带打开，绑在家家的手臂上，然后点击测压开始按钮。只听见机器在响，绑带在不断充气收紧。一会，响声停了，机器传出"滴滴"两声，液晶屏幕上就显示出家家的高压和低压数字了。我赶紧拿笔记了下来。（张智非）

9. 晚上，我做完了作业，找爸爸和妈妈一起下飞行棋。这个飞行棋很特别，玩法也比普通跳棋复杂，扔出的点数需要和棋盘上的数字相加，然后再走。比如加起来是 11 和 9 的就走 1 步，12 和 8 的就走 2 步……撒到 0 飞行棋才能出来。唉，这次我运气不好，连撒了几次都没有 0，眼看着爸爸妈妈都有棋子出来了，好着急啊！（赵敏懿）

10. 周末本来可以多睡会儿的，可是妈妈给我报了英语培训班，早上 9 点的课，所以我还是要和平常一样早起。真的不想起床啊，被窝里是那么暖和。"快点起来啊！我数三声！"妈妈的大嗓门来了。"一，二……"以我的经验来说，绝对不能让她数到三！"起来了，起来了！"我立马坐起身来大声回答。（赵利鸿）

● 一段话写景

1. 早起往窗外一看，一片白茫茫，天地上下，笼罩着一层白色的幕布。看不清，很朦胧。推开窗户，白雾似乎找了可以取暖的地方，直往窗口飘，刚刚跨过窗棂就消失了踪迹。耳边传来各种人声、车声，却看不见，隔绝于视线之外，感觉来自于另一个时空。（刘欣怡）

2. 宜昌的江水和武汉的江水是不一样的，宜昌的江水是绿色的、清澈的。站在江滩边还时常可以一望到底，轻柔水波下是黄色的砂石、黑褐色的细沙。还有不知名的小鱼在水中时隐时现。有人就拿一根鱼竿坐在码头的舢板上垂钓。但是周围都是孩童的嬉笑声，所以很久都没看见有鱼上钩，大约是嫌吵了吧。（蔡雨田）

3. 第一次来到厦门，第一次看见大海。却不想这海和我想象中的不一样。原来并没有图片中的那么蓝。这里的海像很大的湖，一眼望去还可以看到对面的小岛和岛上的房子。但这确实是海啊，我蹲下来玩水的时候偷偷舔了口溅到嘴边的水珠子，是咸的！海边非常热闹，很多人下水游泳，还有很多人在沙滩上玩沙子、晒太阳，所以海滩被踩得乱糟糟的，没有一块平整的地方。（成雅珺）

4. 我从来没见过冰雕，在这里想看冰雕只能去专门的游乐场，在门口买票租棉袄进去看。那个时候正是夏天，刚进去的时候还觉得很舒服呢！冰雪乐园里面有些昏暗，但这种昏暗正好衬托出了那些冰雕的奇美。每一座雕塑都投射出彩色的灯光，晶莹剔透、美轮美奂。最吸引我的是那各式各样的雕花。不是雕在冰面上，而是在冰里面！我还伸手去摸了摸，外面就是一块完整的冰砖，但是里面却是各色的花朵，太神奇了！这是怎么做到的呢？（刘彧涵）

5. 到了夏天的晚上，家里人都喜欢去凉快的地方散步。我们家旁边有一条河，河的两边修了供行人行走赏景的小道，那里就是我们饭后常去的地方了。夏天天黑得晚，去散步的时候天还有光亮，可以看见河边的芦苇轻轻晃动着长秆，河面的小簇睡莲微微起伏。偶尔在水中间泛起一圈涟漪，那是河里的鲤鱼在吐泡泡了。（王健坤）

6. 我最怕夜里打雷。黑暗之中的巨响总让我不由地心惊胆战。我如果从睡梦中被吵醒，就难以入眠，好不容易熬过一声雷响，却发现原来下一个才是更响的。后来我看见闪电就立马全身肌肉收紧，双手捂着耳朵等待着雷声的到来。发现这点后，我感谢闪电能提前给我提个醒，让我不至于又被吓一跳。（王依琳）

7. 那天晚上，我们一家去园博园的星空帐篷过夜。夜晚的园博园和白天不同，看不到绿，只有一片寂静的黑。很难想象在这么喧闹的城市中心有这么一块安静的地方。昏暗的路灯照着红色的方砖小路，耳边是虫鸣，抬头是一轮黄色的圆月，没有星星。爸爸和妈妈聊着天，我用双手搂着妈妈的一只手臂，挂在她身上一起走。（缪静文）

8. 傍晚，站在卧室的大窗旁就能够看见铺天盖地的晚霞。远处一片红，红色的霞光，更深的红色勾勒着天空中云的身形。远处的长江大桥在天空霞光的映衬下如一幅画，特别美。周围一切的风景都敌不过那片红色的天空。但是晚霞消失得也快，耀眼的红色过不了多久就慢慢地慢慢地淡去，最后一片灰蒙。（齐艺坤）

9. 现在城市里已经看不见大片的星星，只有最亮的几颗可以在天气好的时候镶在天上供人欣赏。所以提起星空，我总是忘不了躺在敦煌沙漠上的那个夜晚。漫天的星光铺天盖地洒下来，一切显得那么静谧，那么迷人。我躺在沙子上，细细欣赏，身下的沙子不平、有些硬，但这一点也不影响我的心情，似乎这片天地都是属于我的，我深陷其中。回忆一下子拉到了小时候躺在竹床上乘凉的那个夜晚，也是这样被星星围绕，睁着眼望着望着就好像快要掉进去了，然后害怕地赶紧闭上眼睛睡觉。（侯雅馨）

10. 下雪啦！南方人看见下雪就跟过节一样，欢呼雀跃，拍照发圈。这还不是因为我们这里的雪跟昙花一现一样，时间短，量也不大，通常刚落到地上就融化了，根本积不起来。真正能下白的时候一年能赶上一次就算幸运了。大家拿起相机到处拍，因为一旦太阳现出笑脸，这些白雪很快就会全部消失，想要再看，只能等明年了，且明年也不见得有。
（郭翊萱）

● **一段话写物**（童心琳）

1. 晚饭后，我和妈妈在小区里散步，看见一只小黑猫，它的皮毛在路灯下油亮油亮的。我走向它时，它向我奔跑过来；我靠近它时，它却跳开了；我蹲下来看它时，它也正好在看我。

2. 我在公园看见了玉兰花，发现玉兰花开时，玉兰树还没有长叶子。光滑的枝条上长着一个个软软的白色小花苞，小花苞外面裹着一层细细的绒毛。

3. 我过生日时，妈妈买了一个大蛋糕。这个蛋糕好诱人，它就像个花团锦簇的圆形花丛，中间是红彤彤的草莓拼成的一朵红艳艳的玫瑰，四周围着香浓奶油挤成的清新白莲花。

4. 回家的路上，我看见了一条狗，它四肢修长，身体健壮，皮毛亮晶晶的，好像会发光一样。它的双眼炯炯有神地看着我，好像在和我说话，我离开时，它露出一副不舍的样子。

5. 在九寨沟，我看见一只好大的羊，后来妈妈告诉我那是一头牦牛。它长得好可爱，全身雪白雪白的，牛角上挂着五颜六色的花球。我好奇地看着它温柔的眼睛，它竟然冲我抖了几下耳朵。

6. 我有一个最心爱的熊猫模样的背包，它的四肢是黑色的，眼睛也是黑色的，肚子是白色的，把它背在背上，就好像背着一只熊猫。

7. 在家门口，我看见一只虫子，它的身体有八节，每节腹部都有一对足，足是半透明的浅米色。它的头部有一对天线一样的触角，全身油光透亮，因为这样可以避免被蜘蛛网粘住。我用手去碰，它就蜷缩成一个小球，模样好似一个小西瓜，所以它叫"西瓜虫"。

8. 我喜欢吃榴梿，它气味浓烈，"厌之者怨其臭，爱之者赞其香"。我就被它的奇异香味所吸引，吃上一口甜美清香，真让人回味无穷。

9. 葱郁的树木间有一棵樱桃树，在明媚阳光的照射下，一颗颗樱桃晶莹剔透、鲜嫩欲滴，好似一颗颗耀眼的红宝石。

10. 瀑布从山上倾泻而下，撞上山脚的岩石，像玻璃一样摔得粉碎，溅起千朵水花。这气势让我想到了李白的诗句

"飞流直下三千尺，疑是银河落九天"。晴天时，或许还能看到一道壮丽的彩虹架在瀑布上，让人惊喜不已。

● 一段话写想象

1. 假如我是一朵花，我会在春天开得最艳。假如我是一朵花，我会在微风吹来时，散发出我的香味。假如我是一朵花，我会在游人观赏时，露出最美丽的笑脸，假如我是一朵花，我会让蜜蜂、蝴蝶都随着我翩翩起舞。（阮思静）

2. 如果我是一只小鸟，我要飞到天上，去看看远远的月亮和美丽的嫦娥仙子。如果我是一只小鸟，我要飞到天上，去追逐变化多彩的白云。如果我是一只小鸟，我要飞到祖国的每个角落，去看那美丽的风景。（阮思静）

3. 要是我能住在天上，就能听到仙鹤的歌声，听到星星的对话。要是我能住在天上，就能给太阳爷爷打针，让他在夏天不再发烧。要是我能住在天上，就能给星星治病，让他不要总是眨眼睛。（阮思静）

4. 梦里，我来到了水果王国。在那里，我躺在香蕉上睡觉，坐在西瓜上吃饭，还会在苹果写字台上写作业。走到哪里，可以吃到哪里，真是一个奇妙的世界。（叶锦虹）

5. 我是一名宇航员，穿着白色的宇航服，乘船飞向太空。遥望地球，太平洋就像一个小水洼，长江黄河就像一条小白线，喜马拉雅山就像是一座小石山。星星、月亮从我身边闪过，只要我伸手，便可摘下。太空可真神奇！（叶锦虹）

6. 假如我是发明家，我要设计一款汽车，不仅能在陆地、海洋使用，还能在空中飞行。遇到堵车时，它就会自动张开两个隐形的翅膀，像飞机一样；遇到湖泊、海洋时，它就会全副武装变成一艘潜水艇，潜入水底。（叶锦虹）

7. 未来，房子都是充气房，它的材料是一种特殊塑料。人们可以根据自己需要充出各种各样造型的房子，比如蘑菇形、大象形、长颈鹿形、火箭形等，真是色彩艳丽、形态各异啊！（姚昀希）

8. 看着做不完的作业，我想，若是有克隆机器人帮忙该多好呀。于是，另一个我真的出现了，他代替我做作业，代替我上学，代替我出去聚会。爸爸妈妈、老师同学都不认识我，我害怕极了，回过神来，立马开始写作业。（姚昀希）

9. 炎热的非洲把狮子都快烤化了，它给北极熊写了一封信，信里说自己需要一块冰。没过多久，狮子收到了包裹，一打开才发现，里面只是一袋子水！狮子失望地说："原来冰就是水吗！"（姚昀希）

10. 欢迎来到世界未来城，这里有最先进的机器人，其中最吸引我的就是"吃垃圾机器人"。它不仅能将垃圾全部吃掉，给自己补充能量，还能利用垃圾产生出能量供人类使用。有了它，我们的城市就会变得更干净、更美好！（夏鹤畅）

● **一段话写感受**

1. 放学了，同学们都走了，只有我一个人呆呆地站在门房等着，我的心情十分低落，我委屈至极，生怕老师会批评我，我屏住呼吸等待着，难受极了。（杨弋修）

2. 走进公园，花朵竞相开放，五彩缤纷，到处都是鸟语花香，真让人心旷神怡流连忘返啊。（杨弋修）

3. 在同学们诧异的目光下，我低下了头，眼泪再也忍不住，就像是断了线的珠子，从我的眼睛里顺着脸颊滚落出来。试卷上的分数就像是一盆冷水浇熄了我的热情，就像一个锤子敲碎了我的美梦。（李小杨）

4. 成绩单发下来了，为什么我的付出没有回报？看着这个分数，我感觉天都快塌下来了，走在路上，阴冷的天气就如同冰冷的心情一样，道路两旁的树木仿佛都在嘲笑我。（李小杨）

5. 看着满地的碎片，我呆呆地站在那里，捂着嘴巴，意识

到我犯下了错误，赶紧拿起扫把开始打扫，万一妈妈回来看到家里这么脏，一定会狠狠地批评我的。（阮思静）

6. 明天是就是"六一"儿童节了，也是我的生日，我高兴得一整晚也睡不着。躺在床上，翻来覆去，一会儿猜想爸爸会给我买什么礼物，一会儿猜想妈妈会给我做什么好吃的，真是难以入睡啊！（阮思静）

7. 我一抬头，看见老师正在注视着我，我立马紧张起来，忐忑不安，把头埋得很低，生怕老师会念出我的名字。我屏住呼吸，双手紧紧地握着，不一会儿满手心都是汗，我的心都提到了嗓子眼儿。（黄卓悦）

8. 兴奋和激动就如同小河，哗啦哗啦不停地流泻出来，我再也无法隐藏我内心的激动和骄傲了。我跑啊，跳啊，喊啊，似乎身体的每个细胞都在颤动！（黄卓悦）

9. 今天我的作业终于得了甲，我激动不已，迫不及待地想要分享这个好消息，可是爸爸妈妈却一直没有回来，我在门口不停地走来走去，焦急地等待着。（程安青竹）

10. 距离考试结束还有 3 分钟，我还有一道题没做出来。我焦急万分，脑海中不停地回忆着上课时老师讲解的内容，可是时间一秒一秒地过去，我的脑海中仍是一片空白，眼泪在眼中直打转。（程安青竹）

第三章
从从容容一篇文

私房导语

　　本阶段孩子们要学习如何写一篇完整的作文了，包括写人、写物、写事作文。经过初级阶段两年的积累，终于迎来这激动而烦恼的一刻。孩子们将从列提纲、理脉络着手，学会开头和结尾，学会修辞手法。刚开始写的时候，需要在草稿上反复修改，整理完成自己的作品。不要怕，我们会一直陪伴妈妈们和孩子们。

　　妈妈们要特别注重培养孩子的观察力，让他们有一颗灵敏、感性的心，一张不怕分享的厚脸皮。祝孩子们写作顺利！

私房导图

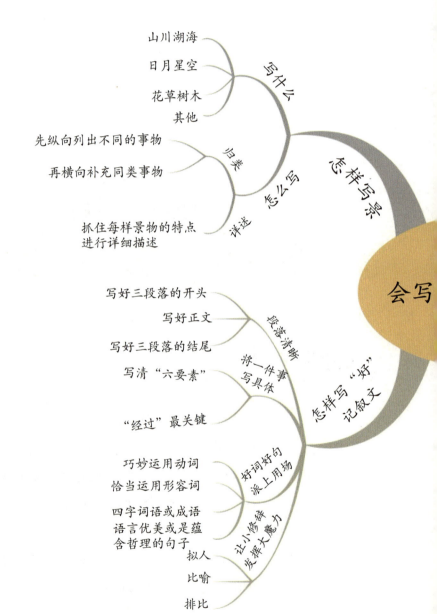

山川湖海
日月星空
花草树木
其他
　　　　　　写什么

先纵向列出不同的事物
再横向补充同类事物
　　　　　　归类

抓住每样景物的特点
进行详细描述
　　　　　　详述
　　　　　怎么写

怎样写景

会写

写好三段落的开头
写好正文
写好三段落的结尾
　　　　　　段落清晰

写清"六要素"

"经过"最关键
　　　　　将一件事
　　　　　写具体

怎样写"好"
记叙文

巧妙运用动词
恰当运用形容词
四字词语或成语
语言优美或是蕴
含哲理的句子
　　　　好词好句
　　　　派上用场

拟人
比喻
排比
　　　　让小修辞
　　　　发挥大魔力

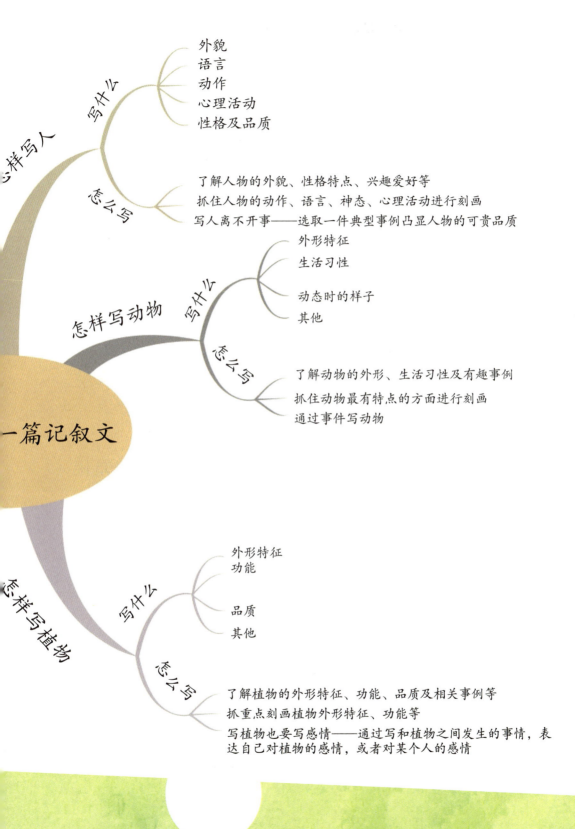

怎样写人

写什么
外貌
语言
动作
心理活动
性格及品质

怎么写
了解人物的外貌、性格特点、兴趣爱好等
抓住人物的动作、语言、神态、心理活动进行刻画
写人离不开事——选取一件典型事例凸显人物的可贵品质

怎样写动物

写什么
外形特征
生活习性
动态时的样子
其他

怎么写
了解动物的外形、生活习性及有趣事例
抓住动物最有特点的方面进行刻画
通过事件写动物

一篇记叙文

怎样写植物

写什么
外形特征
功能
品质
其他

怎么写
了解植物的外形特征、功能、品质及相关事例等
抓重点刻画植物外形特征、功能等
写植物也要写感情——通过写和植物之间发生的事情，表达自己对植物的感情，或者对某个人的感情

第一课
写好作文的开头和结尾

9月9日 星期四 阴

今天，我教圆圆作文的三段式结构——开头、经过、结尾。现在他们写的多是记叙文，如此分段，作文结构便十分清晰。我给她列了个提纲：

①开头；②叙述事情；③结尾。

每一段开头都另起一行，开头空两格。

这么一讲圆圆就明白了。但是，她以前都是直接用"有一天"开始叙事，现在突然要单独写一段开头，她不知道怎么写，所以我跟她说开头的写法。

写记叙文的开头有很多种方法，最简单的方法就是开门见山。

比如，学校布置的作文中，有一个"热门"题目——一件有趣的事。

我先跟圆圆讲什么是开门见山："打开门就直接能看见山，中间没有任何遮挡。开门见山就是直接点题，将题目内容告诉大家，你要写一件什么事。"

看着圆圆还是很疑惑的样子，我觉得必须要举个例子。

"你有什么有趣的事情可以写吗？"我问她。

她想了想："上次你买螃蟹回来，跑了一只，我帮你捉了回来。"

"嗯！很好！这件事情确实很有趣，你还被它的钳子扎了手。"我及时表扬了她的选材，接着说，"那你想一想，如何用一句话告诉别人这件事。"

她写道：

今天我帮妈妈捉螃蟹了，真有趣。

"对，这就是开门见山，直接告诉别人你要写什么，还点了题。很不错！"引导很顺利，但这个开头太简短了，有必要再加工一下。我接着说："你可以把这个开头变成一问一答式，这样更加有趣哦！"

你们知道什么事情让我觉得有趣吗？那就是帮妈妈捉螃蟹！快来看看吧！

"这样写，大家是不是就很想读你的作文了呢？"

她点点头。

我决定再接再厉，继续讲结尾，于是笑嘻嘻地说："我们还是以这件捉螃蟹的趣事为例，写一下结尾。"说完，故意对她的苦瓜脸视而不见。

这真是件有趣的事情啊！

"你用这句话来结尾非常棒哦，再次点了题，这正是作文结尾的好方法。"我觉得女儿的这个套路结尾不错。但仅这样还不太够，作文需要有立意，对于记叙文来说，就是要加上自己的想法，要么议论，要么抒情。

"想一想，通过这件事情让你明白了什么呢？"

"这怎么像总结课文的中心思想啊！"她忍不住吐槽。

"是啊，你可以这么理解，就是直白地说出这篇作文要表达的中心思想！"我点头示意。

在我的鼓励下，圆圆写出了这样的结尾：

这件帮妈妈抓螃蟹的事情，让我明白了做事情不能太大意，要仔细观察，不然会吃亏的道理。

附全文：

一件有趣的事

你们知道什么事情让我觉得有趣吗？那就是帮妈妈捉螃蟹！快来看看吧！

今天，妈妈在超市里买了一些螃蟹，结果在清洗的时候有几只跑了出来，妈妈大呼小叫，我决定帮她捉回它们。

开始时都很顺利，可当我捉住螃蟹的时候感觉不太舒服，原来，手指被扎了一下，有点疼。仔细一看，螃蟹壳的两边有一些扎手的东西，就像一条条锯齿似的。我赶紧松开手，又去抓它的细脚，就在刚捉住的那一刻，它挥动两只大大的钳子用力地向我夹来，我不知道如何是好，于是放开了手，螃蟹从我手中又掉落在地上。我仔细观察，发现螃蟹身上有一个扎不到也夹不到的地方。我很有信心地向观察的位置抓去，果然，没有被钳子抓住，也没有被扎。我开心极了！

　　这件帮妈妈抓螃蟹的事情，让我明白了做事情不能太大意，要仔细观察，不然会吃亏的道理。

轻松掌握三段式开头结尾。

　　使用说明：刚开始学写整篇作文时，首先让孩子掌握三段式结构，即开头、经过和结尾。也就是在前一阶段学写一段话的基础上加上开头和结尾，让作文结构完整。三段式作文的开头——开门见山式，在开头就直接交代要写一件什么事情。三段式作文的结尾——首尾呼应式，结尾和开头呼应、点题。

　　写一件最令你难忘的事。

第二课
先打草稿，好作文是改出来的

10 月 16 日 星期五 多云

　　圆圆写了一篇关于爸爸的作文，我拿过来一看，当时就哭笑不得。

　　　　　　　　我的爸爸
　　我的爸爸长着一张圆脸，鼻梁被一副眼镜压得直不起身来。
　　他做事情没有自知之明。比如：他做饭时，地上脏兮兮的时候，他总是没有"看见"，还说厨房一尘不染、非常干净。
　　他做事情非常容易发怒。比如：他做卫生时，只要让他重新做一遍，他就摆出一副怒不可遏的样子。
　　我的爸爸最喜欢做的事情就是玩手机。
　　他每天回来就开始坐在沙发上玩手机，一直到吃晚饭才停下来，吃完晚饭就抱着手机继续玩，手机没电了就睡觉。我真担心手机会不会"报废"。

这就是我的爸爸。

我赶紧把如此失实的作文拿给她爸爸看，他也连说不像。于是我把圆圆叫来问："你眼中的爸爸到底是什么样子？"

她理直气壮地说："就是这个样子呀！"

我又问："难道爸爸在你眼中就没有优点吗？"

"没有呀，就是这个样子的。妈妈你平时不也是这样说爸爸吗？"

我突然明白了，应该自我检讨一下，不经意把对老公的抱怨灌输给了孩子，让圆圆理想中的爸爸变得不那么优秀。看来有必要扭转她的想法，让爸爸在她心中拥有崇高的地位。

于是我说道："乖乖，我怎么觉得你文章中的这个爸爸和真正的爸爸不太一样呢！"

"首先，我们来看看你眼中的爸爸的缺点。写缺点当然也可以，不过有些地方说得还不够。不妨加上语言或者动作描写，让你眼中的爸爸更加生动，读完后就好像就在我们眼前一样。"

圆圆想了想，把作文改成了这样：

我的爸爸

我的爸爸长着一张圆脸，鼻梁被一副眼镜压得直不起来。

他做事情没有自知之明。比如：他做饭时，（总是不把灶台收拾干净，洗菜的盆子、切菜的砧板和刀、抹布、油壶、酱油瓶、锅盖、碗、盘子……这些东西只要被他拿出来用了，就没有放回去的时候。但他还老觉得自己做饭很厉害，收拾厨房很整齐。）

（当家里的地板脏兮兮的时候，他总是当作没"看见"，妈妈让他扫地拖地，他总会皱着眉头不耐烦地说："很干净啊，没什么可扫的！"或者直接说他好累，他没有时间。每当这个时候，妈妈都表现出无比的愤怒，冲着爸爸吼一句："要你干什么！"但是爸爸这个时候还是会一声不吭地做自己的事情。）

他做事情非常容易发怒。比如：他拖地时没拖干净，只要让他重新做一遍，他就摆出一副怒不可遏的样子，

（使劲拽着拖把，在地上发泄似的拖着，还把家里的家具弄得砰砰作响，像个吃不到糖的孩子在故意捣蛋。还好这个时候妈妈没有再和他计较。）

我的爸爸最喜欢做的事情就是玩手机。

他每天回来就开始坐在沙发上玩手机，一直到吃晚饭才停下来，吃完晚饭就抱着手机继续玩。手机没电了就睡觉。我真担心手机会不会"报废"，（我觉得他的孩子应该是手机，因为他都不陪我玩儿。）

这就是我的爸爸。

读完改后的作文，我说："嗯，看来你的思路和别人都不一样。大家都写自己的爸爸怎么好，你却只写爸爸的缺点。爸爸一定很委屈，他难道真的没有优点吗？我们就你写的内容来讨论一下吧。"

"先来看看第一点，你觉得爸爸没有自知之明——不知道自己做菜不好吃。其实，爸爸知道，只是他想给你做顿好吃的，可是毕竟厨艺不高，觉得如果做得不好，会很丢脸，还担心你不喜欢。所以，他就拼命在你面前表现出最好的一面，可是你却认为他在吹牛。

实际上，爸爸是想表现给你看。

"再说玩手机。你以为爸爸是在玩游戏吗？那就冤枉他了。其实他一点儿都不想整天盯着手机，眼睛多累呀！但是没有办法，单位领导要求他，事情没有做完要加班做，在家也要随时关注消息，处理问题。你想想，如果他不努力工作，我们的日子怎么可以过得这么舒服呢！所以，我们不要抱怨，爸爸用手机是没有办法，他很辛苦呀。"

小家伙听到这番话，没有作声。过了一会儿，她拿起笔把自己刚刚写的那句划掉，改成了下面这段话，看完之后我内心有点酸酸的，感觉通过这篇作文，女儿好像长大了。

我的爸爸

我的爸爸长着一张圆脸，鼻梁被一副眼镜压得直不起来。

他做事情没有自知之明，比如：他做饭时，总是不把灶台收拾干净，洗菜的盆子、切菜的砧板和刀、抹布、油壶、酱油瓶、锅盖、碗、盘子……这些东西只要被他拿出来用了就没有放回去的时候。但他还老觉得自己做饭很厉害，收拾厨房很整齐。

当家里的地板脏兮兮的时候，他总是当作没"看见"，妈妈让他扫地拖地，他总会皱着眉头不耐烦地说："很干净啊，没什么可扫的！"或者直接说他好累，他没有时间。每当这个时候，妈妈都表现出无比的愤怒，冲着爸爸吼一句："要你干什么！"但是爸爸这个时候还是会一声不吭地做自己的事情。

他做事情非常容易发怒。比如：他拖地时没拖干净，只要让他重新做一遍，他就摆出一副怒不可遏的样子，使劲拽着拖把，在地上发泄似的拖着，还把家里的家具弄得砰砰作响，像个吃不到糖的孩子在故意捣蛋。还好这个时候妈妈没有再和他计较。

我的爸爸最喜欢做的事情就是玩手机。

他每天回来就开始坐在沙发上玩手机，一直到吃晚饭才停下来，吃完晚饭又抱着手机继续玩。手机没电了才睡觉。我真担心手机会不会"报废"，我觉得他的孩子应该是手机，因为他都不陪我玩儿。

（其实，家庭里面的每一个成员可能都会有缺点，他们可能做得不是那么完美，他们可能总想表现出自己最好的一面，可是这在我们眼中看到的反而是糟糕的一面，但是不管怎么样他都是我的家人，我觉得我应该去爱他，而不是瞧不起他或者讨厌他。）

（我爱你，我的爸爸！）

学会打草稿。

使用说明：小学生写作文容易跑题，容易句子不通顺，所以我们应该让孩子养成打草稿的习惯。"好作文是改出来的"，反复的修改是非常有必要的。这样可以让孩子在每一次修改中找到不足，提升写作能力，写出自己满意的作品。但是要提醒孩子的是：考试的时候，因为时间紧张，一般就不打草稿，只列提纲就可以了。

写一写你的妈妈或爸爸。

第三课
好词佳句派上用场

3月20日 星期六 晴

　　阳春布德泽，万物生光辉。三月的城市，百花吐蕊，春意盎然，正是踏青游玩的季节。这不，今天我就带着小宝一起去寻找春天。一路上春风拂面，我们欢歌笑语。走进公园，扑面而来的是散发着青草与泥土香味的春天的气息，满眼尽是春！

　　回到家中，小宝突然对我说："妈妈，今天，我想把眼中的春天写下来送给你。"我听后喜不自胜，连连叫好，静候佳作。

　　　　春天在我的眼睛里

　　春天来啦！春天都在我的眼睛里。春天来啦！万物又一次活过来了。春天来啦！我和妈妈一起去公园寻找春天。

　　走在路上，我们有说有笑，看到一棵棵又高又大的树木，树木都发了芽，它们好像在对我说春天来啦！

走进公园，我来到了花的世界。我看到了很多花朵。有红的、黄的、白的，这些花多么美丽啊！我弯下腰，还看见小草从土里偷偷地钻出来，它们是嫩绿色的，微风吹过，一摇一摆的。

走过木桥，来到湖边。我看见池塘里的鱼儿游来游去的，它们你追我，我追你，玩得很开心。我把饼干掰下来，喂给它们吃。它们一个个都游过来，张开小嘴，一会儿工夫就吃得精光。我抬头看看池塘边的柳树，柳树的枝条长长的，在空中飞来飞去。

公园里的春天可真美啊！春天在哪里？春天就在我的眼睛里。

读完小宝的"佳作"，我不由自主地称赞：句子通顺，条理清晰，还能抓住景物的特点依次描写。

不过，我认为他可以写得更好，便问道："小宝，这篇作文你用了几个好词，几个好句呢？"

"妈妈，我写出来的句子都很通顺，为什么非要用好词好句呢？好词好句的标准是什么呢？"

"好词，就是能够恰当地形容春天的事物或者你的感受的词语，四字词语或成语更好。好句，就是能够运用一些修辞手法，比如比喻、拟人的句子。"

"不加好词好句不也行吗？"

"行是行，读起来也通顺，不过，如果你给树木、花朵、鱼儿等事物加上一些修饰的词语，并用上比喻或者拟人的修辞手法，会让它们活灵活现，作文就更生动、更出彩啦！"

"什么是加上修饰的词语？怎么改呢？"小宝懵懵的。

"比如第一段，春天来了，你觉得春天有什么特点，你可以用什么词语来形容？"我试着引导。

"可以用生机勃勃、万物复苏等词语。"

"比如你写树木发了芽，你又可以用什么词语形容呢？"

小宝回答："可以用嫩嫩的、绿绿的。"

我接着追问："不仅可以用上词语，还可以用上修辞手法，你觉得树木像什么呢？"

"它们像战士、士兵。"小宝脱口而出。

我继续耐心地引导："那花园中的花朵，写了它们的颜色，你能用上修辞手法吗？比如红的像什么，白的像什么……"

"嗯，我明白了，就是尽量多用一些词语来形容笔下的景物，能写成比喻或者拟人句就更好。"

听完小宝的回答，我会心一笑，接着说："那接下来的段落你知道怎样修改了吗？"

"妈妈，我明白了！你等着瞧吧！"

春天在我的眼睛里

春天来啦！春天都在我的眼睛里。春天来啦！（万物复苏，一片生机勃勃。）春天来啦！我和妈妈一起去公园寻找春天。

一路上，我们有说有笑，激动不已。一棵棵又高又大的树木映入我的眼帘，树木抽出了嫩芽，（嫩嫩的、绿绿的，）（就好像一个个战士，）它们好像在对我说："春天来啦！"

走进公园，（花香四溢，扑鼻而入，）我仿佛来到了花的海洋。（这里的花数不胜数，红的似火，粉的似霞、白的如雪，多么美丽啊！）我弯下腰，俯下身子，惊喜地发现小草从土里偷偷地钻出来，微风吹拂，它们一摇一摆，（好像在对我招手，）欢迎我的到来。

　　走过木桥，来到湖边。我看见池塘里的鱼儿游来游去的，它们你追我赶，玩得不亦乐乎。我（情不自禁）地把饼干掰下来，喂给它们吃。它们（争先恐后）地游过来，张开小嘴，一会儿工夫就吃得精光。我抬头看看池塘边的柳树，柳树的枝条长长的，（就像小女孩的小辫子，在空中跳着优美的舞蹈。）

　　公园里的春天可真美啊！春天在哪里？春天就在我的眼睛里。

　　读完了小宝的修改作品，我露出了满意的笑容，告诉他："世界上并不缺少美，只是缺少了发现美的眼睛。"

好词佳句派上用场。

使用说明：一篇好的作文离不开审题、立意和构思，也不离不开"好词佳句"。"好词佳句"的运用能够为我们的作文增色不少。好词，可以是动词运用巧妙，可以是形容词修饰恰当，也可以是成语、AABB 式、ABAB 式、ABAC 式等词语的运用。这些词语可以用来写景物，也可以用来写自己的动作、神态和心理活动。好句，就是能够熟练地、恰到好处地运用相关的修辞手法，让自己的写作变得更生动、形象。

趁热打铁，同学们赶快练练手吧。

春天生机盎然，夏天骄阳似火，秋天硕果累累，冬天白雪飘飘，请你选择自己喜欢的季节或者景物写下来。

请你写一写：_____ 在我的眼睛里。

第四课
怎样让动物有特点

12 月 5 日 星期六 阴

　　仓仓是小宝的爱宠——它是一只小仓鼠，记得在小时候，小宝一直不敢让仓仓在他的手上爬。第一次近距离接触仓仓后，小宝还兴奋地写了一篇日记呢。这周，老师布置了一篇周记，题目是《我最喜欢的小动物》。面对这个题目，小宝不假思索地说道："毫无疑问，我肯定写小仓仓。"

　　"需要我来辅导你列提纲吗？"我问。

　　"不需要！小仓仓可是我最喜欢的动物，我还能写不好吗？你就拭目以待吧。"

　　看到小宝如此自信，我暂且相信他。小宝是这样写的：

可爱的小仓仓

我有一只可爱的小仓鼠，我给它取了一个名字，叫"小仓仓"。

小仓仓的耳朵圆圆的，眼睛小小的，小嘴粉粉的，分成了三瓣，小脚细细的，尾巴特别短，稍不注意，还以为它没有尾巴呢。胡须又细又白，它的背脊上有一条灰色的毛，其余地方都是白色的毛。

小仓仓很喜欢吃虫子，每次只要我一拿出虫子来，它就会立马从木屑中爬出来。

小仓仓还很顽皮，每天夜里就喜欢玩笼子里的"跑步机"，还喜欢在木屑里面找吃的，发出"吱吱"的响声。它还会趁我们给它用粉末洗澡时溜走，跟我们"捉迷藏"。每次，我们累得半死，才能将它重新送回"家里"。

我喜欢我的小仓仓，自从有了它，我多了许许多多的快乐！

看了小宝的作文，我不得不赞叹，的确写得不错。我毫不吝啬地夸奖着："仓仓不愧是你最喜欢的动物，观察得还挺仔细，较好地写出了仓仓的外形。"

听到我的夸奖，小宝喜不自禁，拍着胸脯说："那是当然，我每天都和它一起玩。"

"如果你写仓仓外形的时候，能按照一定的顺序来写就更好了。你看，你写了耳朵眼睛又去写尾巴，写完尾巴又写它背脊的毛，显得多乱啊！"我略带惋惜地说。

小宝说："那我该按照什么顺序呢？"

我说："你可以从上到下、从整体到部分，或者从部分到整体来写。比如我们选择整体到部分，先写仓仓整体的样子，再写局部，写局部时先写眼睛、耳朵、嘴巴再写尾巴，这样是不是就更有条理了？"

看着小宝点了点头，我接着说："仓仓吃虫子的样子确实很可爱，可是它究竟是怎样吃的呢？"

"先是一口咬住，然后立马用两只前脚夹住……"小宝脱口而出。

"这就是动物的生活习性，你得写得清楚详细：写出他们喜欢吃什么，吃东西时的样子。"我不紧不慢地告诉小宝。

"嗯，我待会修改。"

"除此之外，我们还可以写动物给我带来的欢乐，选取一件事情，这里你简要写过了，我们就不作修改。"我最后补充。

听了我的讲解，小宝是这样修改的：

可爱的小仓仓

我有一只可爱的小仓鼠，我给它取了一个名字，叫"小仓仓"。

　　（小仓仓是一只灰白相间的小仓鼠。它的背脊上有一条灰色的毛，其余地方都是白色，看起来十分可爱。）小仓仓的耳朵圆圆的，眼睛小小的，小嘴粉粉的，分成了三瓣，胡须又细又白。尾巴特别短，稍不注意，还以为它没有尾巴呢。

　　小仓仓很喜欢吃虫子，每次只要我一拿出虫子，它就会立马从木屑中爬出来，（眼神充满了期待，鼻子不停地嗅着，十分激动。只要一见到虫子，它就会一口咬住，再用两只前脚夹住狼吞虎咽，不一会儿就用食物把腮帮子塞得满满的）。

　　小仓仓还很顽皮，每天夜里就喜欢玩笼子里的"跑步机"，还喜欢在木屑里面找吃的，发出"吱吱"的响声。它还会趁我们给它用粉末洗澡时溜走，跟我们"捉迷藏"。每次，我们累得半死才能将它重新送回"家里"。

　　自从有了它，我多了许许多多的快乐，我喜欢我的小仓仓！

写动物可以写：①外形，②生活习性，③动态时的样子（带来的欢乐）及其他。

使用说明：小动物人人都喜欢，在写作时，首先要将小动物的外形写出来，但要注意观察有序；其次写出小动物的生活习性，可以选取其中的一个方面，比如吃东西、睡觉、玩耍时的样子；除此之外，还可以写小动物带来的快乐，或者其他方面。

每个小朋友都有自己喜欢的小动物，赶快介绍它给我们认识认识吧！

第五课
怎样写景不杂乱

3月20日 星期六 晴

春天的脚步姗姗来迟。老天爷每天都阴沉着脸，还时不时发下脾气。在冷空气的笼罩下，我和花生只能天天待在家里，大眼瞪小眼，盼望着花满枝头春意闹的日子快快到来。

春光明媚的周末终于到了，真是难得！换上漂亮的衣服，挎上小背包，我们出发了，驱车前往植物园。面对久违的美景，几个大人兴奋得像孩子，小花生更是开心到飞起。看了花，赏了树，放了风筝，呼吸了新鲜空气，聆听了鸟儿的天籁之音。这里真是风景如画，美不胜收，来这里找春天绝对错不了……

回到家后，花生条件反射地问："妈妈，我是不是又该写作文了？"我很认真地点点头。她直接钻进房间开写，我在旁边安静地看书。四十分钟后，我看到了她的"大作"。

我喜欢春天

我喜欢春天，喜欢它的温暖；我喜欢夏天，喜欢它的热情；我喜欢秋天，喜欢它的果实；我喜欢冬天，喜欢它的雪花。但我最喜欢的还是春天。

春天的花好多好美呀。有粉红色的桃花，有很多颜色的郁金香，还有黄色的花，我不认识，妈妈告诉我它叫"迎春花"。小草从土里爬出来了，嫩嫩的，绿绿的，真惹人喜爱，大片的草地看上去像一个大地毯，我真想在上面打滚，可是妈妈不让。河边的柳树也发芽了，柳条好像一个个长长的辫子，真好看。还有很多其他的树，我不知道它们的名字，它们也长出新叶子了。对了，在植物园里，还能听到鸟儿叫呢。这里还有很多小孩儿，他们有的在玩游戏，有的在拍照，有的坐在草地上休息，还有的在放风筝。天空中有好多好多风筝，我的风筝也在上面，我不停地跑，因为我希望它飞得很高很高。

我今天玩得很开心，我太喜欢春天啦。

怎么样？乍一看还是挺不错的吧？用了两种修辞：比喻和排比；用了三个段落，层次清晰。形容词也加了不少，还有自己的感受在里面。看来，之前传授的作文武器，还是多少有点用的嘛。这给了我极大的信心，今天，我要传授花生另一个新武器——分类描述。

"花生，你给这篇作文打多少分呢？30分满分。"

"25分吧，我很谦虚的。"

"妈妈打29分！你写得好极了，宝贝真厉害！"

"那你怎么不打满分？"

"那是因为你缺少了一个武器呀。"

看着她一脸懵的样子，我继续说："花生，你有没有发现，第二段写了很多事物，都放一起会显得很杂乱，如果你将它们分类描述，并分别成段，效果会更好。你可以试着把它们分为四类。"

"花、草、树、人。"

"嗯，这样分可以。"

"那你再想想，你打算写哪些花、哪些树，草的特点是什么？有哪些人，他们在做什么？列出来。"

花：桃花、郁金香、迎春花。

树：柳树、松树。

草：绿色的、软软的、很多。

人：大人、孩子。玩、拍照、放风筝等。

"宝贝，你再试着把这些内容描述出来，然后和第一篇对比一下，看看有什么不同。"

我喜欢春天

我喜欢春天，喜欢它的温暖；我喜欢夏天，喜欢它的热情；我喜欢秋天，喜欢它的果实；我喜欢冬天，喜欢它的雪花。但我最喜欢的还是春天。

春天的花好多好美呀。有粉红色的桃花，她们像是一个害羞的姑娘在风中微笑；有各种颜色的郁金香，每一朵都很艳丽；还有黄色的花，我不认识，妈妈告诉我它叫"迎春花"，是春的使者。

小草从土里爬出来了，嫩嫩的、绿绿的，真惹人喜爱，大片的草地看上去像一个大地毯。我用手摸了摸，软软的，我真想在上面打几个滚儿，可是妈妈不让，妈妈是怕我把小草弄疼了吧。

河边的柳树也发芽了，柳条好像长着一条条长长的辫子，真好看呀。路边有很多松柏树，我觉得它们很可怜，因为它们一年四季只有一身青青的衣服，妈妈却说，这不是可怜是可敬，它们不怕热不怕冷，像个士兵一样站岗，守护着这里。

这里还有很多大人和小孩儿，他们有的在玩游戏，有的在拍照，有的坐在草地上休息，还有的在放风筝。他们玩得可开心了。

我今天玩得也很开心，我太喜欢春天啦。

"怎么样？这样修改后，是不是更加清晰明了了呀？"

"是的，妈妈，字数也比第一篇多了，嘿嘿。"

归类、详述——让你的作文层次分明、篇幅增长。

使用说明：同学们写景时，如果写的内容既有同类的事物（如：秋天的枫叶、银杏叶、梧桐叶等），又有不同类的事物（如：秋天的树叶、农作物、果实、农民等），就可以先纵向列出不同的事物，再横向补充同类事物，最后抓住每样景物的特点进行详细描述。写完后会发现：哇，原来我能写这么多字呀！而且文章层次分明，条理清晰，读起来既流畅又舒服！

　　秋天是凉爽的季节，秋天是金色的季节，秋天还是丰收的季节。请你写一写你眼中的秋天吧。

第六课
写植物也要写事情

3月10日 星期六 晴

　　今天太阳不错，我把客厅木架上的绿萝搬到阳台晒太阳，顺便给它浇浇水、施施肥。周末做这件事情，有益身心健康，感觉时间都慢了下来。

　　往往这个时候，圆圆也很喜欢凑热闹，搬个板凳，拿本书，在我旁边大声朗读。当我开始施肥，她就马上拍着屁股跑了，因为那味道实在让她受不了。

　　我看着向阳生长、臭气淡然的绿萝，心想，圆圆还没有写过植物呢，要不，今天就写一下吧！

　　"圆圆，快来看看绿萝！"

　　圆圆已经很有警觉性，马上问："又要开始写作文了？这回写绿萝？"

　　"哎哟，我的乖乖，怎么这么聪明啊！"我马上戏精上身。

　　"来吧，我准备好了！"圆圆马上现出一副豁出去的表情。

"嗯嗯，你先观察一下再写！记得先列提纲啊！"说完，我去干家务了。

几分钟后，提纲列完了。我难以置信地拿过来一看，她是这么写的：

妈妈的绿萝

1. 开头

2. 绿萝的样子

3. 结尾

看完后，我气得头皮都冒火。

"这是你的提纲？"

"是啊！"

我迅速调整了一下情绪，耐心地说："如果我们写一篇关于绿萝的记叙文，除了写绿萝的样子，还应该写什么？"

"要写事！可是……"她皱着眉头想了想，"没啥事啊，每次就是看你给它浇水施肥，还能有啥事？"

"我给它浇水施肥不就是事吗？再列提纲！"

几分钟后，提纲变成了这样：

妈妈的绿萝

1. 开头

2. 绿萝的样子

3. 妈妈给绿萝浇水施肥的事

4. 结尾

"感觉还少了点什么。"我用手托着下巴说。

"少了什么？"她开始有点儿不耐烦了。

"你觉得妈妈照顾绿萝时，像在照顾谁呢？"我问。

"嘿嘿，不会是我吧？"她斜着眼睛瞅我。

我"啪"的一下拍了她的肩膀，喊道："不是你是谁？！"

然后，提纲里又加上了一个自然段：

妈妈的绿萝

1. 开头

2. 绿萝的样子

3. 妈妈给绿萝浇水施肥的事

4. 妈妈照顾绿萝就像妈妈照顾我

5. 结尾

提纲列成这样，基本差不多了。对植物的描述、与植物有关的事、感受都想到了。

过了大约四十分钟，她写出了这篇作文：

妈妈的绿萝

我家有个大阳台，阳台上有一盆绿萝，那是妈妈最喜欢的植物之一。

绿萝的叶子是绿色的，它的心形叶子像心脏。叶片上有黄色的斑点，好像罗马城星星点点的塑像。绿萝不仅能净化空气，而且能给房间增添色彩。

妈妈对这盆绿萝的关照无微不至。

妈妈是这样给绿萝浇水的：她先用两根手指摸摸盆里的土壤，看看是不是干了，再决定要不要浇水。如果盆土是干的，她就从鱼池里打上一盆水，小心翼翼地端过来，然后沿着花盆四周慢慢地浇下去。我问妈妈为什么要沿着花盆四周浇灌？妈妈说这样可以防止绿萝烂根。

肥用的是发酵好的鸭粪，这让我很难受，可是妈妈似乎习惯了这味道，全然闻不到那臭味似的，她先从发酵缸里舀起一勺鸭粪，再放进水壶里加上鱼池里的水，我已经闻着很臭了，妈妈还要摇晃一下水壶，再沿着花盆灌下去，脸上还笑眯眯的，好像看到绿萝又长长了似的。

妈妈照顾绿萝的举动让我想起了妈妈平时是怎样照顾我的。

妈妈每天比我起得早，睡得晚。每天接送我上下学，做饭给我吃，陪我散步，和我聊天，对我很关心。妈妈照顾我和她照顾绿萝一样的细心。

我的妈妈沉浸在养绿萝中，几乎无法自拔。除了照顾我，她的大部分时间都用在照顾她的绿萝上，所以我家的绿萝越长越好，我也在茁壮成长。

写植物，也要写事情！

使用说明：遇到写植物的作文，不能只写植物的外形、介绍它的作用，还要通过写和植物之间发生的事情来表达自己对植物的感情，或者对某个人的感情。这样的作文才比较完整，情绪饱满。

你喜欢什么植物？挑选一种你最喜欢的植物写一写吧。

第七课
怎样让人物更鲜活

4月16日 星期六 多云

　　"妈妈，小汪是我的铁哥们。"小宝骄傲地说。

　　"哟，你都有铁哥们了啊。"我笑着说。

　　小宝一本正经地说："当然，他可是我最好的朋友。"

　　"那你最好的朋友是一个什么样的人呢？"我追问着。

　　"就是很好很好的啊。"小宝不耐烦地回答。

　　我笑盈盈地说："妈妈也很想了解一下你的朋友，你若是能用文字把他介绍给我，我会很开心。"

　　小宝撇着嘴说："你说得冠冕堂皇，不就是想让我写作文嘛！"

　　"不愧是我的儿子，我的心思被你猜得丝毫不差，我不得不感叹基因的强大啊。"我调侃道。

　　"那我写完这篇作文，就不能加作业了。"小宝嚷道。

　　"那得看你写得如何。"

小宝撇嘴道："你肯定能挑出毛病的。"

我的铁哥们

我的铁哥们是小汪。他高高的鼻梁上戴着一个纯黑色长方形眼镜，他有一双黑漆漆的大眼睛，还有一个不大也不小的嘴巴，嘴唇厚厚的。他有一个小巧玲珑的鼻子，身高和我差不多，但他很瘦。

他虽然性格比较冲动，对待朋友却很友好，是我的铁哥们，他最大的优点就是乐于助人，关心他人。

记得有一天中午，一个同学生病了趴在桌子上。他看见后，饭都不吃，就跑过去问他怎么了。当他知道他头痛的时候，他便立刻跑到老师的办公室，报告给老师，让老师给他家长打电话。他一直等到这位同学的家长来接他回家时，他才回到教室，可是这个时候饭已经冷冰冰的了。

他可真是关心他人呀，这就是我的铁哥们。

看完作文，我问他"写人的作文你知道该怎么写吗？"

他回答道："写出外貌和性格，再写一件事情。"

　　"你说的没错，可你把外貌写清楚了吗？"我问道。

　　小宝不服气地说："眼睛嘴巴鼻子还有身高我都写了，有什么问题？"

　　我指着他的作文说道："那你写的时候用上好词佳句了吗？有一个比喻句吗？"

　　见他不吱声，我接着说：

　　"比如，他戴着一副眼镜，给你怎样的印象？他黑漆漆的大眼睛好比什么？这些你都可以去发挥想象，写成比喻句，用上好词。"

　　"那还有什么需要修改的地方吗？"小宝问道。

　　我皱着眉头说："这个问题问得好，写人离不开写事，你倒是写了事，不过你觉得这件事写具体了吗？"

　　"挺具体的呀！"

　　"同学生病时，你的铁哥们说了什么，做了什么，他的表情又是怎样的，也就是我们所说的动作、语言和神态描写，你仔细看看是否都写到了。"

　　"他很着急，先是去问同学，然后很快跑到老师办公室去，还帮他收拾书包……"

　　小宝一边说，一边好像悟出了什么，于是动手改起了作文，改完后是这样的：

我的铁哥们

我的铁哥们是小汪，他高高的鼻梁上架着一副纯黑色方框眼镜，（看起来文质彬彬，活像一个大学博士。）他的脸上镶嵌着一双黑漆漆的大眼睛，（就好比两颗圆溜溜的黑葡萄，）一口洁白的牙齿配上一个不大也不小的嘴巴，厚厚的嘴唇，（显得恰到好处。）他的身高和我差不多，但他比我瘦。

小汪虽然性格比较冲动，对待朋友却很友好。他是我的铁哥们，他最大的优点就是乐于助人，关心他人。

记得有一天中午，一个同学生病了，（无精打采地）趴在桌子上。小汪看见后，（立刻放下自己的碗，跑过去摸摸他的头，焦急地问道："你怎么了，为什么没有吃饭？"同学眼泪汪汪地说："我感觉头很痛，不想吃饭。"其他同学都在低头吃饭，只有他，二话不说，三步并作两步，跑到老师的办公室，报告给老师。然后，他回到教室，一直忙着照顾这位同学，先帮他收拾书包，然后背上书包，扶着他慢慢地走下楼，去等同学的爸爸妈妈。）一直到这位同学的家长来接他回家时，小汪才回到教室，可是这个时候饭已经冷冰冰的了。（小汪却笑嘻嘻地说："没关系，没吃饭是小事。"）

这就是我的铁哥们，他可真是个热心人呀！

写人可以写：①外貌，②性格，③人物的语言、动作，④事情。

使用说明：写人离不开写事，想要将一个人刻画得活灵活现，就必须要选取一件典型事例来凸显他的性格特征和可贵品质。写事的时候紧紧地抓住这个人物的动作、语言和神态，还有心理活动来描写。当然，我们还要写清楚这个人物的外貌和兴趣爱好等。

相信每个小朋友都有自己想写的人，可以是朋友，可以是爸爸妈妈，可以是老师，也可以是素不相识的人。请你动笔来写写吧！

题目：我的 ＿＿＿＿＿＿＿＿

_____

_____

第八课
小修辞蕴藏大魔力

5月20日 星期日 多云

不知别人家小孩是不是也多话，花生每天从早上起来就开始喋喋不休。这不，又开始啦。

"妈妈，妈妈，我做了一个梦。"今天早上，花生一醒来就兴奋地说。

"哦？梦见什么了呀？"我一如既往温柔地回应。

"我梦见我变小了，然后进了一个门，里面有好多好多水果蔬菜啊，都是我爱吃的。对了，我还看到好多阳桃。"

"真的啊，然后又发生了什么？"

"然后，我激动地抱着一个阳桃咬了一口，结果咬到舌头了，我就醒了。"

"你呀，还真是个小馋猫！"

"嘿嘿……"

"花生，要不这周我们就写写这个神奇的梦吧。"

现在每周写一篇作文，已经是她雷打不动的任务了，下面就是作文初稿：

神奇的梦

我昨晚做梦了，这个梦可神奇了。

我躺在床上，突然发现我变小了，只有冬瓜那么大。我赶紧爬起来向前走几步，又看见有一扇门，我就连忙跑过去把门推开，我看见了一个很漂亮的舞台。舞台上有好多好多好吃的：舞台中央，有西瓜、苹果、香蕉，还有巧克力呢。在舞台的角落，有辣椒、冬瓜和我最爱的阳桃。我激动得不得了，抱着一个阳桃就咬了一口，可是，一不小心咬到了舌头，疼得我大叫了一声。这时，我醒了，原来是场梦啊。

我把这个神奇的梦告诉了妈妈，妈妈笑着说："你真是一个小馋猫。"

"花生，这个梦很有意思，而且，你还注意到了观察顺序，很棒。可是，你忘了学过的重要武器——形容词。西瓜、苹果、香蕉，它们都是什么颜色的？

你可以加进去啊，快快修改一下。"

舞台上有好多好多好吃的：舞台中央有绿色的西瓜、红红的苹果、金黄的香蕉，还有棕色的巧克力呢。在舞台的角落，有红色和绿色的辣椒，有青色的冬瓜和我最爱的像个五角星的阳桃。

"花生，妈妈觉得这样修改后还不够生动，今天再教你一个重型武器——拟人，就是把物当作人来写。比如'绿色的西瓜'可以这样改：'西瓜穿着绿色的条纹短袖'，这样描述是不是有意思多了？宝贝，你也试试看，想想其他水果应该穿什么衣服呢？"

"嗯……苹果穿着红色的裙子，香蕉穿着黄灿灿的旗袍，巧克力穿着棕色的西服，冬瓜穿着绿色的T恤。"

"一点就通，真棒！拟人的修辞会将那些静态的植物、物品写活，让作文更加生动有趣，你在以后的作文中也可以学着用。"

下面是花生修改后的作文：

神奇的梦

我昨晚做了一个梦，这个梦可神奇了。

我躺在床上，突然发现我变小了，只有冬瓜那么大。我赶紧爬起来向前走几步，又看见有一扇门，我就连忙跑过去把门推开，我看见了灯光闪耀的舞台。舞台上好多好多好吃的：舞台中央，我看到西瓜穿着条纹短袖，苹果穿着鲜红的裙子，香蕉身穿黄灿灿的旗袍，巧克力穿着棕色的西服，原来它们在参加舞会呀。舞台的角落，我看见身穿红色大衣的辣椒和身穿绿色西服的辣椒一起跳舞，冬瓜穿着绿色的 T 恤，还看到我最爱的像个五角星的阳桃。

我一激动就跑上了舞台，咬了大大的一口。一不小心咬到了舌头，疼得我大叫了一声，这时我被惊醒了，唉，原来是一场梦啊！

我把这个神奇的梦告诉了妈妈，妈妈笑着说："你还真是一个小馋猫啊。"

修辞——拟人。

使用说明：拟人，就是将事物当作人来写，使本来不具备人的动作和感情的事物变成和人一样具有动作和感情的样子。拟人的修辞会使作文更加具体、生动、形象，还能让读者感到亲切。

亲爱的小朋友们，正所谓日有所思夜有所梦，你们应该也做过一些很有意思的梦吧，也许你梦到了"植物大战僵尸"，也许你梦到了"太空之旅"，也许你梦到自己"穿越了"，也许……挑一个你最想说的梦跟我们分享一下吧！

第九课
怎样将一件事写具体

6月3日 星期六 晴

又是一个美好的周末，我在厨房准备午饭，花生跑来厨房帮忙。

"妈妈，你能教我做一道菜吗？"

"可以啊，怎么突然想学这个？"

"妈妈，我的好朋友科迪说她学会炒菜了，我也想学。"

"哦，她这么能干啊！学做菜是好事，妈妈就教你做最爱吃的番茄炒蛋吧！"

"好呀好呀！"

在我一步一步的指导下，一盘花生牌番茄炒蛋做好了。花生吃着自己亲手炒的菜可开心了，我在想，姑娘做菜的天赋，难道是遗传了我吗？哈哈。

事后，我鼓励她将这件事写下来。以下是作文初稿：

做菜，我是认真的！

今天，我让妈妈教我做了一道菜——番茄炒蛋。这是我第一次做菜，我既紧张又激动。

我从冰箱里拿出三个鸡蛋，先敲破鸡蛋壳，然后把鸡蛋倒进碗里，再用筷子把鸡蛋打散，又把番茄切成了小块儿。准备好材料后，我往锅里倒了些油，然后打开煤气灶，油热了，我把蛋液倒进锅内。我把鸡蛋铲起来放到碗里，然后开始放油和姜蒜，炒番茄。快熟时，我把刚炒好的鸡蛋重新倒入锅中，加了盐，翻炒均匀，一盘刘氏番茄炒蛋就做好啦。我迫不及待地让妈妈尝了一口，妈妈给我竖了个大拇指。我也赶紧尝了一口，还是没有妈妈做的好吃啊，但我相信总有一天我也会做得很好吃的。

这是我第一次学做菜，虽然还不能跟妈妈的手艺相提并论，但是，我很开心。

这篇作文乍一看没啥问题，可是总觉得还不够详细，每个步骤都有，但每个步骤描述得都不具体，需要引导她好好改一改。

"花生，你觉得这篇作文的亮点是什么？"

"不知道，好像……没有。"她支支吾吾地说。

"妈妈来告诉你原因。你看，做菜的每个步骤都写出来了，但仅仅是在叙述流程，没有调动你的感官来具体描述，也没有细节描写。所以才会显得平淡无味。"

"怎么调动呢？"

"回想一下，你敲鸡蛋时，鸡蛋壳发生了什么变化，你看到了吗？"（看到的）

"它从中间裂了一条缝。"花生很干脆地说。

"你又是如何把鸡蛋弄到碗里的呢？"我继续追问。（怎么做的）

"我就顺着这道裂缝用手一掰，里面的蛋清和蛋黄就流出来了。"

"你将蛋液倒入锅中时，听到了什么声音呢？"（听到的）

"好像是嘶嘶的声音。"

"好，你再想想炒好的鸡蛋是什么样的？你能联想到什么？"（想到的）

"金黄色，像一朵朵开放的菊花。"她用充满疑惑的眼神望着我。

"花生，如果把你看到的、听到的、想到的和怎么做的，都写进作文，是不是更具体、更有趣了呢？"

下面是修改后的作文，她自己觉得比初稿好很多。

做菜，我是认真的！

今天，我让妈妈教我做了一道菜——番茄炒蛋。这是我第一次做菜，我既紧张又激动。

我从冰箱拿出三个鸡蛋，把鸡蛋轻轻在碗边一磕，蛋壳中间就裂了一道缝。我顺着这道裂缝用手一掰，里面的蛋清和蛋黄就流了出来。我一连磕了三个，又拿起筷子将蛋清和蛋黄搅拌均匀。接着，我又把番茄切成了小块放入盘中。准备好材料后，我往锅里倒了些油。然后，打开煤气灶，只见蓝色的火苗欢快地舔着锅底。不一会儿，锅里的油就冒烟了，我将调好的蛋液倒进锅里，"嘶"的一声，只见锅里像开了一朵朵金灿灿的菊花。我把鸡蛋铲起来放到碗里，然后又开始放油和姜蒜，炒番茄。快熟时，我把刚炒好的鸡蛋重新倒入锅中，加了点盐，翻炒均匀，一盘漂亮的刘氏番茄炒蛋就做好啦。我迫不及待地让妈妈尝了一口，妈妈给我竖了个大拇指。

我也赶紧尝了一口，还是没有妈妈做的好吃啊，但我相信总有一天我也会做得很好吃的。

这是我第一次学做菜，虽然还不能跟妈妈的手艺相提并论，但是，我很开心。

将一件事写具体——写清记叙文六要素中的"经过"最关键。

使用说明：在写事的作文中，要想将一件事写具体，就必须把记叙文六要素介绍清楚。六要素有：时间、地点、人物，事情的起因、经过、结果。其中最主要的环节就是"经过"了，只有将"经过"写得具体才能给人以身临其境、如见其事之感。如何将"经过"写具体呢？可以将"经过"分为几个部分，再动用各个感官来描述，把看到的、听到的、想到的生动地描述出来。总之，抓细节就对了。

同学们知道怎样将一件事写具体了吗？你能试着将下面这段话描写具体吗？

今天，妈妈有事出门了，我在家帮妈妈做家务。妈妈回来后，夸我是个贴心小棉袄。

私房
小话

 孩子说：终于开始写作文了！其实我已经能写很长一段话了，所以写作文对我来说不是什么难事，而且爸爸妈妈总夸我是厉害的宝贝！

 老师说：教学大纲要求本学年课内写作 16 次，但是，想要培养孩子的写作水平，此数远远不够。本阶段开始写作成篇作文，写人、写事、状物是重点。具体训练方法，则是重点练习"段"，把一段话写好、写精细，方能有效提高练习效果。此时，好词佳句的积累便派上了用场，只有善于积累并运用，才会是属于自己的。

 妈妈说：很多高年级家长都提醒过我，要当心孩子初写作文时的种种问题，我胆战心惊地迎来了这个阶段。从刚开始的不知所措，到现在的有条不紊，我按照训练点来训练孩子写作，一个字一个字地改错别字，一句话一句话地修改语序，这个过程缓慢而繁杂，但效果也渐渐显现。这个阶段确定了培养目标，脚踏实地地走来，估计后面会比较轻松。

私房范文赏析

I. 谁把春天带来了

陈泳希

冬天不知不觉地跑了，春天嘻嘻哈哈地出现了。春风带着温暖和快乐，轻轻、轻轻地，趁你没留意，把春天的大门打开了。

谁把春天带来了？是"润物细无声"的春雨带来了万物复苏的春天。小雨点落在小草上，小草探起脑袋；落在小花身上，小花张开笑脸；落在我们的脸上，我们都大喊："下雨喽，可以出去踩水了！"我们玩得多开心，多痛快……

是谁把春天带来了？是"碧玉妆成一树高"的柳树带来了美丽的春天。你看，微风吹拂，柳树姑娘挥动着枝条，在空中翩翩起舞，忽上忽下，那婀娜的舞姿，令人陶醉。

是谁把春天带来了？是太阳带来了温暖的春天。躲了一个冬天的太阳变得温暖起来，一下子跳出来，照耀着大地，把温暖的阳光洒在每个角落。从冬眠中苏醒的小动物们开心极了，都蹦蹦跳跳地出来玩。

春天是被它们带来的，因为有它们，春天才会那么生机勃勃，充满活力。"等闲识得东风面，万紫千红总是春"，说得真有道理。

私房小评

　　小作者采用排比段落，用比喻和拟人的修辞手法，好词佳句信手拈来，还有古诗词的引用，增加了文章的感染力。读她的文章，仿佛春天就在眼前！

2. 可爱的小猫

陈思宇

　　我家养了一只非常可爱的小猫。瞧，它有一身黄白相间的绒毛，胖乎乎的，好像穿着毛皮大衣一样。它的耳朵可灵敏了，尖尖的，就像一对三角形。宝石般的眼睛，小小的嘴唇，加上几根细细的胡须，显得可爱极了。

　　小猫咪最喜欢吃肉了，每次我们吃饭的时候，它就围着我"喵喵"地叫个不停。如果不搭理它，它还会围着我转圈圈，好像在说："主人，给我点吃的吧！"

　　小猫咪最喜欢的就是玩毛线球。每当它抱起毛线球来玩，毛线球滚来滚去的，小猫咪也会跟着球蹦来蹦去，气喘吁吁地走来走去。每次，它都使出抓老鼠的力气，去抓毛线球，毛线便被抓得乱七八糟，把自己缠绕其中，最后还要我去帮忙呢！

小猫咪还是我最好的朋友。每当我难过的时候，它都会在我身边陪伴，好像在说："主人，你别难过了，我陪你。"

小猫咪真是太可爱了，我好喜欢它呀！

私房小评

小作者抓住小猫的外形、生活习性还有动态的样子，发挥想象，对小猫进行了细致生动的刻画，将一只可爱的猫咪写得活灵活现。

3. 不一样的小轩

张杰瑞

他有一头乌黑的头发，一双明亮的眼睛，架着一副黑色眼镜，一副文质彬彬的样子。

你可千万别被他的外表所迷惑，其实他是一个"闯祸精"，每天在学校不知道要惹出多少麻烦事。比如调侃一下同学，来个恶作剧，不长眼地瞎跑，撞到同学身上，长刺儿似的弄翻书桌……

一直以来，他在我心中的印象，就是个调皮捣蛋鬼，学习就是他的天敌。直到那件事，我彻底改变了对他的看法。

一天中午，我不经意看到他图书角拿出一本书，随后便坐到座位上津津有味地看起来。我不屑一顾地冷笑一声：肯定是为了吸引同学们的注意，故意装模作样。可是，过了很久，即使同学们在教室里玩游戏，嘻嘻哈哈，他也没有抬头看一眼，还是看得津津有味。我心想：他就这么沉得住气吗？

不一会儿，班主任随着铃声进了教室，所有人都坐得笔直笔直的，只有他，完全没有注意到老师进来了。我试图提醒他，可他完全不理会。直到老师站在他身旁抽走了书，他才反应过来。

从此以后，我对他刮目相看，原来每个人都有自己的优点。没错，他就是我的好朋友——小轩。

私房小评

小作者抓住朋友的外貌和性格，选取一件典型事例，运用欲扬先抑的手法，将一个爱闯祸、爱看书的孩子展现在读者面前，还有不少好词佳句！

4. 我的爸爸

黄正阳

你知道"但闻室中吃吃，皆婴宁笑声"中的"吃吃"是什么意思吗？如果你认为是吃饭，那就大错特错了，其实"吃吃"的意思是笑声。这就是我每天背得头疼的古代汉语。

"黄正阳，快点起床，背古文啦！"

"我还没睡醒呢，就让我多睡一会儿吧。"老爸才不管三七二十一呢，二话不说，一下就把我从床上拽下来。我迷迷糊糊的，脑袋在他身上左碰一下，右撞一下，最终还是被拖出了卧室。爸爸在桌前翻开字典，一个字一个字地解释，但眼前的汉字却变得愈加模糊，像一群蚂蚁在纸上乱爬。我强打精神，开始手指着字，一个一个背，生怕爸爸过来拷问。怕什么来什么，老爸看我背书心不在焉，从我手中抢过字典，翻开一页说："这个字是什么意思？"我一看，发现那就是我背得最不熟的字，顿时感觉像吃了辣椒一样，涨得满脸通红，脑子里全是糨糊，什么都不记得。偶尔想到几个，说出来也是错上加错。爸爸眉头紧锁，两条眉毛倒竖起来，手不停地敲着书，生气地说："给我认真背，不然有你好看！"我这才静下心来认认真真地背。

爸爸为了我能够高效地学习古汉语，制订了一个详细的计划贴在书桌上：1. 每天讲字义十分钟；2. 背诵新字十分钟；3. 复习背过的字词十分钟；4. 每周读一篇古文。每天看着这份学习计划，日复一日，年复一年，什么时候才是个头呀！爸爸好像知道了我的心思，语重心长地告诉我："我们要学习丰富的中国文化，就要读古书，读古书就要有阅读古书的能力，所以必须学习古代汉语。"这时，我才知道爸爸的良苦用心，暗暗地下定决心，长大了一定要成为"中国文化的传播大使"。告诉你们一个小秘密，经过一段时间的刻苦学习，我已经能够慢慢读懂《贞观政要》了。

这就是我的爸爸，一个博学多才又和蔼又严厉的"老师"。

可怜天下父母心，望子成龙的爸爸每天对"我"的学习管理非常严格，这就是小作者眼中的父亲。开头用古文引出爸爸每天要求"我"背书，正文接着讲爸爸检查背书的过程，结尾直接写出"我"对爸爸的评价，思路非常清晰。

5.童年趣事

吴易航

　　每个人都有自己的童年，可能是悲伤的、害怕的，也可能是幸福的、快乐的，每个人的童年都不一样，但却都是每个人最珍贵的记忆。

　　有一次，我看奶奶种菜，把种子撒在土壤里，天天浇水，过了些天，就冒出很多绿绿的新芽。我突发奇想，望着手中的棒棒糖，眼前一亮，种棒棒糖，结一树的棒棒糖，又漂亮，又好吃，还能卖钱……我美滋滋地开始行动了，把棒棒糖埋在土里，浇水。对了，还可以种钱，结一树的钱，爸爸妈妈就不用上班了。于是，我又从存钱罐里抓出一大把亮闪闪的硬币，也把它们埋在土里，还偷偷把奶奶用于种菜的化肥也埋了一些，天天给它们浇水。晚上睡觉，我做了个梦，梦见我的棒棒糖树发芽长大了，结了一树的五颜六色的棒棒糖，又甜又大，小伙伴都来吃。旁边的钱也发芽长大了，结了一树的钱，爸妈不用上班了，他们笑哈哈地摘了一大篮子钱。我们准备给灾区小朋友捐款，同时我要教他们种钱树，让他们都富起来，再也没有贫穷了，中国更富强。

　　浇水，不停地浇，一天，两天，一周，两周过去了，怎么还不见发芽呢？我忍不住扒开土看了看，棒棒糖变小了，钱还是钱。是我技术不行吗？于是请教爸爸种植技术，谁知爸爸说，有生命的植物才能种植，而棒棒糖和钱是没有生命的。明白了这些，我对自己的行为哭笑不得。

童年的趣事虽然傻傻的，但却永远是我们最珍贵的记忆！

正如小作者所说，童年的趣事有些傻傻的，但是，正因童真，所以更显珍贵。这篇文章是小作者几经修改得来，从错别字到种棒棒糖和钱的过程，再到自己内心的想法，都是不断修改完善而来。有时候，细节决定成败，静下心来反复品味、修改自己的文字，终得好文章。

6. 好一棵白兰花树

简齐斐

我家有一棵白兰花树，它是我妈妈最喜欢的植物。

这棵白兰花树和我一般高，枝繁叶茂，远远看去就像一个穿着绿裙子的小姑娘。走近看去，上面的嫩叶绿中带黄，下面的老叶青翠欲滴。叶子很薄很薄，叶面的脉络清晰可见，条理分明。妈妈告诉我，这样的叶子不经晒，强烈的阳光会把叶子晒蔫，甚至晒伤晒焦。我不禁伸手摸了摸这"娇气"的叶子，妈妈说，你闻闻，这叶子可香了！真的呢，不过我马上发现只有老叶子有浓郁的香气，嫩叶子是没有的。我对妈妈说："我能摘一片叶子做书签吗？它可香啦！"妈妈笑着同意了，说这叶子还可以摘下来，晒干做香料、做菜呢！我听到这里，不禁喜欢上这白兰花树了。

白兰花树的叶子都这么香，花肯定更香了。

进入夏天的时候，你会发现每片叶子的叶柄处长出了一个小小的花苞，如果不仔细看，还真看不出来。直到有一天闻到一阵阵沁人心脾的香气，循着香气去找，会发现原来在宽大的叶子背后，藏着一朵洁白无瑕的白兰花，比叶子香上几百倍的香气，就是这小小的花儿发出的。每当这时，外婆会摘下白兰花别在衣襟上，走到哪里，哪里就散发出清香。妈妈则剪下白兰花还没有绽放的花苞泡茶喝，那茶香极了，我每次都会喝上一大杯。比起叶子来，我更喜欢白兰的花。

每年夏天，在大多数花因炎热而休眠的时候，白兰花都会散发出香气，积极开花，就是这种不一般，让我爱上了它！

私房小评

　　小作者写了白兰花树的叶子和花。在写叶子时，除了写叶子的颜色、形状，还写了闻叶子、用叶子做书签的事情；写花时，除了写花的香气，还写了外婆别花、妈妈泡花茶的事情。通过这些白兰花树相关的小事情，不光写出了这株植物的作用，还写出了家庭养花的情趣。

7. 成长的快乐

刘宇溪

　　快乐是什么？不同的人会有不同的感受。快乐在哪里？快乐就在我们成长的道路中。它可能是一次不同寻常的发现，可能是你通过努力收获成功的经历，甚至只是同学一个搞怪的动作……而我的"快乐"，与众不同——它仅仅是同学的一句鼓励的话语，却仍令我记忆犹新。

　　还记得那是三年级的第一次体育课。体育老师迈着轻盈的步伐，面带微笑地走近同学们，一字一句、不慌不忙地说："今天，我们已步入新年级，就必须要学些新知识——四百米。"

话音刚落，同学们就喊了起来，所有人都愁眉苦脸，生怕成为最后一名。我则不然，脸上洋溢着无比自信的笑容：我有足够的信心拿第一。

"第一组——跑！"

所有人都好似蓄势待发的箭，以迅雷不及掩耳之势，三步并作两步地冲了出去。我由于仍在回忆要点，晚出发一步，想力挽狂澜，却心有余而力不足了。

就在我将要放弃的时候，传来一个声音："加油！你能行！"

我顺着声音望去，看到死党正向我招手，做着鼓励的动作。

我内心无比高兴，一蹦三尺高——竟还有人想着我，为我加油。顿时，一股莫名的力量从我心里涌起，我的双腿像电动小马达一样，带动着我奋力向前冲去，最后我奇迹般地冲到了第一。全班同学不约而同地发出了一声："快看！"连对手都放慢脚步，眼睁睁地看着我冲过终点线。

这件事使我收获了快乐，品尝了友谊，也得到了成长。

私房小评

小作者按照事情的发展顺序来安排材料，首先写事情发生的起因，即四百米比赛；接着写经过，这部分作者写得较为细致；最后交代结果。这样安排材料，可以使文章条理清晰、层次分明。

8. 大自然的魔术

孙玥涵

我望着窗外美好的大自然，晴空万里，白云朵朵，鸟儿穿梭在每栋高楼之间，蜜蜂飞过每一片花海，一切都是那么美好。

忽然，我看到湖面有几只蜻蜓，是要下雨了吗？我猜测道。果然，几滴小雨点率先落了下来，湖面的涟漪也马上多了，鱼儿们都游了上来，嘴里吹着泡泡。

接着，下起了倾盆大雨，暴雨汇集成瀑布朝下倾泻，无情地击打着大地。突然，一道耀眼的闪电把大地和天空照得通亮，像一条银色的巨龙，飞窜在阴沉的天空。伴随着闪电的是一声巨响——轰隆！打雷了！在黑色的幕布下，好像有两位天神在表演，一个的光亮能劈开天际，一个的声音能响彻云霄。

没多久，黑沉沉的天空中一片寂静，演出结束了。一道道金光穿过黑暗，乌云慢慢散开了，大地残留着雨水冲刷的痕迹。

我再次被吸引了，在阳光的折射下，湖面上空出现了一道夺目的光芒。红、橙、黄、绿、青、蓝、紫逐一呈现，七仙女一般，构成了大自然的美景——彩虹。

"大自然就是如此神奇！"我回味着这一变化，感叹着……

私房小评

小作者笔下的景象有动态、有静态，观察有序也很细致，而且运用了多种感官，将天气变化刻画得真实又美好。读此文章，读者仿佛也目睹了这场神奇的天气变化。